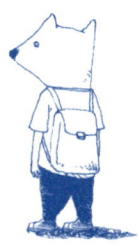

나는 이 세상에 없는 청춘이다

나는 이 세상에 없는 청춘이다
―대한민국 청춘의 생태 복원을 위한 보고서

지은이 | 정상근
그린이 | 김한조 · 이정수
펴낸이 | 김성실
기획편집 | 최인수 · 여미숙 · 이정남
마케팅 | 곽홍규 · 김남숙 · 이유진
디자인 · 편집 | (주)하람커뮤니케이션(02-322-5405)
제작 | 삼광프린팅

초판 1쇄 | 2011년 6월 15일 펴냄

펴낸곳 | 시대의창
출판등록 | 제10-1756호(1999. 5. 11.)
주소 | 121-816 서울시 마포구 동교동 113-81 4층
전화 | 편집부 (02) 335-6125, 영업부 (02) 335-6121
팩스 | (02) 325-5607
이메일 | sidaebooks@hanmail.net

ISBN 978-89-5940-211-3 (03330)

ⓒ 정상근, 2011, Printed in Korea.

책값은 뒤표지에 있습니다.
잘못된 책은 바꾸어드립니다.

나는 이 세상에 없는 청춘이다

정상근 지음

시대의창

| 차 례 |

보고서 발간사 · 7

탐험대장 소개 · 18

1부 늪지 생태보고서

1장 학벌의 늪, 본격적인 늪지의 시작 · 28

    늪에서 한 발 한 발 · 28

    명문대와 지방대 · 34

    친구가 승진에 실패한 이유 · 47

2장 공시족의 늪에서 · 53

    대입 때도 안 한 '4수' · 53

    차라리 일을 했으면 · 62

    공시족 콤플렉스 · 72

    그의 이야기 · 81

3장 저임금의 늪에서 · 96

취업 포털에 낚이다 · 96
나는 영어가 싫어요 · 105
창의력 자격증 시대 · 112
비정규직을 거부하는 사람들 · 120
저임금에 허우적대다 · 127

2부 사막 생태보고서

1장 사막, 시속 20km · 138

청춘의 사막, 그 살풍경 · 138
등록금 인하 대신 스타벅스를 · 144

2장 사막의 지배자, 그리고 저항군들 · 153

꿈을 눈치 보는 사람들 · 153
조국이라는 이름의 사막 · 161
달려라 레지스탕스 · 168

3장 사막에서 사회생활 하기 · 175

세상에서 회식이 제일 싫어요 · 175
남기는 게 대한 적 없다 · 182
여자가 사회생활 편하다고? · 189

4장 사막에서 빼앗긴 사랑 · 196

졸업 후 죽어 버린 연애세포 · 196
넌 왜 사랑하지 않니? · 203
전 알렉스가 싫어요 · 206
된장녀를 위한 변명 · 215

3부 파괴된 생태계, 멸종과 복원의 갈림길에서

1장 먹이사슬의 파괴 · 226

꼰대와 철부지들 · 226
20대의 착각, 40대의 착각 · 232
20대, 불만을 쏟아낸다면 · 236

2장 생태계 선순환을 위하여 · 243

진보 생태학자들을 위한 고언 · 243
20대에게 정치는 없다 · 249
20대가 20대에게 · 258
거친 생태계, 예외는 없다 · 265

보고서를 마치며 · 272

보고서 발간사

　오늘도 자기 발전과 조직 수호, 조국 광명의 무궁한 영광을 위해 불철주야 노력하시는 사랑하고 존경하는 20대 여러분……, 행복하십니까? 살림살이는 좀 나아지셨는지요?
　지금 이 순간, 오늘을 살아가고 있는 여러분은 혹시 자신에게 이런 질문을 던져 본 적이 있나요? "누구냐, 넌?"이라든가 "너 지금 뭐하니?"라는 식상한 질문부터 "행복하니?"라는 아주 닭살 돋는 질문까지 말입니다. 질풍노도의 시기에나 나올 법한 그런 질문들을, 2차 성징이 약 10년 넘게나 지난 우리가 자아조차도 제대로 찾지 못한 듯 왜 아직도 스스로에게 던지고 있어야 할까요? 게다가 왜 우리 그런 질문에 선뜻 내납하기 힘들고 부끄러울까요? 아니, 대체 왜!
　제가 보기엔 이 땅에 살고 있는 수많은 20대, 우리는 좀처럼 행복을 느끼지 못하고 있습니다. 자신이 무엇을 하는지 늘 불안하고 초조하기 때문입니다. 그리고 때로는 자신이 누구인지조차 망각하고 있습니다. 우리는 머릿수만큼이나 수많은 꿈을 가지고 무럭무럭 자라 왔습니다. 그런데 불과 탄생 20여 년 만에, 몇몇을 제외하고는 그 수많은 꿈이 사라지고, 많은 20대가 똑같은 고통 속에, 똑같은 절망 속에 잠수해 있습니다. 숨이 막히고 답답해도 물 밖으로 나올 수 없는 상태로 말입니다.

당연히 저도 마찬가지입니다. 늘 불안하고 초조합니다. '이런 세상에서 내가 살아남을 수 있을까?' 항상 내가 내게, 바보가 바보에게 물어보는 질문입니다. 저는 지금 무엇을 하고 있을까요? 저는 어떻게 살아야 할까요? 이런 질문에 답하기도 버거운 제가 접히지도 않는 배를 접고 앉아 잠도 안 자고 타자질을 하고 있을까요? 이러고 있는다고 나아질까요? 저에게 내일은 어떻게 다가올까요? 그 내일이 되면 저는 제 몸무게와 삶의 무게를 견딜 수 있을까요? 누군가 제게 그 질문을 던질까 두렵고, 제 스스로도 그 질문을 던지기 무섭습니다.

수많은 20대는 무서워하고, 두려워하고 있습니다. "장차 뭐가 될래?"라는 질문은, 청문회에 앉아 고개 숙이고 "모릅니다"라고 말하는 어떤 자들에게처럼 너무나 피하고 싶은 질문입니다. 언제부터인가 내 꿈을 설계하기조차 어려운 세상에서 우리는 점점 나이만 먹고 있습니다. 앞일을 내다보는 것이 그야말로 공포입니다. 이 공포 바이러스는 나를 덮치고 친구에게 옮아가 세상에 더 널리 퍼지고 있습니다.

앞으로 나눌 글은 우리가 마주한 수많은 질문 중에 바로 이 질문에 관한 이야기입니다. "어떻게들 지내시나요?" 아마 누군가는 어디선가 수백만 원의 대학등록금을 대기 위해 하루 종일 서서 아르바이트를 하고 있을 것입니다. 누군가는 '올해는 붙는다'며 이 악물고 어두컴컴한 독서실에 있을 것입니다. 그리고 또 누군가는 방 안에서 뒹굴거리다 부모님께 '동물' 그 이상도 이하도 아닌 취급을 받고 있을 것이며, 다른 누군가는 싸늘한 바람을 맞으며 사랑하는 사람에게 더 이상 너와 연애할 자신이 없다고, 이별 통보를 하고 있을 것입니다.

세상은 누구에게나 같은데 세상을 살아갈 권리는 똑같이 주어지지 않습니다. 그리고 이 권리를 빼앗기는 사람도 점점 늘어 갑니다. 등록금이 오르면, 아르바이트생도 늘 테지요. 비정규직이 늘면 정규직이 되기 위해, 공무원이 되기 위해 독서실에 틀어박히는 사람도 늘 것입니다. 해고가 쉬워지면 '방구석 긁는' 사람도 늘겠죠. 그렇게 사는 사람에게도 그렇게 살고 있지 않은 사람에게도 그것은 공포입니다. 그렇게 세상의 공포 바이러스는 날이 갈수록 더 널리 퍼지고 디 깊이 우리 마음속에 들어와 우리를 파괴합니다.

혹여나 누군가 그렇게 물어볼 수 있겠습니다. "누구나 다 행복한 세상이 있을 수 있냐"고. 그러나 분명 지금 우리가 겪고 있는 고통과 절망은 다릅니다. 고통과 절망은 흔히 자신이 어떻게 할 수 없는 상황에서 겪는 것이고, 사람마다 다른 곳에서 시작되는 것이기도 합니다. 당연히 극복하는 방법도 제각각일 테지요. 그런데 이상하게도 우리가 혹은 그들이 느끼는 고통과 절망의 원인이 다 똑같습니다.

잠깐 몇 년 전으로 거슬러 올라가 봅시다. 저는 고등학교 다닐 때 선생님한테 곧잘 이런 말을 듣곤 했습니다. "니들이 여기서나 친구지, 졸업하면 뭐 얼굴이라도 볼 것 같아? 다 똑같아. 잘난 '애들'은 잘난 '애들'끼리 노는 거고, 못난 '놈들'은 못난 '놈들'끼리 노는 거야. 이런 세상에서 어떻게 해야 되겠어? 공부 열심히 해서 좋은 대학 가서 니들이 잘난 '애들'이 될 수밖에 없잖아? 그러니까 놀지 말고 공부해!"

이것이 누군가에게는 "뭐 그딴 선생이 있냐!"며 그냥 한 번 '버럭' 하고 넘어갈 수 있는 말일지 모르겠습니다. 그러나 어릴 적부터 딱히 순진하지 못했던 저는 이런 비인간적인 교육 방식에 대해 "암, 그렇지. 물론이고 말고"라며 고개를 끄덕이곤 했죠. 그리고 그들의 가르침대로 'One of 잘난 애들'이 되기 위해 노력해 왔습니다. 이미 공부깨나 한다는 '애들'을 '영수반'이니 '영재반'이니 해서 공부 못하는 '놈들'과 분리한 곳이 학교였습니다. 그 학교는 매년 '서울대 ○○○ 군 합격, 연세대 ○명, 고려대 ○명'이라는 현수막을 걸어 놓곤 했습니다. 그 학교를 나온 졸업생은 수백 명에 이르는데, 단 열 명 안팎의 아이들만이 그 현수막에 이름을 올려놓곤 했습니다. 그렇게 저는 그들이 이미 우리와 다른 사람임이 분명하다는 것을 느꼈습니다.

그리고 "그것도 대학이냐"라는 이름을 가진 대학에 진학하고 나니, 이런 느낌은 더 강렬하게 다가왔습니다. 안 그래도 집에서 꽤나 먼 대학에 진학해서 등하교도 걱정돼 죽겠는데, 대학이 정해지자마자 여기저기서 "쟤는 어느 대학 갔니?"란 과도한 오지랖이 작렬하더니, 정작 그 질문에 솔직히 대답하면 갑자기 '죄인' 비슷한 취급을 받아야 했습니다. 아직 스무 살에 불과한 제가 '실패자' 대접을 받아야 했습니다. 그리고 제가 간 곳보다 더 높은 점수를 얻어야 갈 수 있는 대학에 자식을 보낸 어른들은 저와 제 부모 앞에서 언제나 '승리자' 행세를 했습니다. 그러나 이 부당한 대우 앞에, 저도 제 부모님도 딱히 어떤 반박도 하지 못했지요.

"'사회'에 진출하면 다르겠지?"라고 생각한 적, 물론 없습니다. 그런데 이렇게 심해질 줄은 몰랐지요. 이 사회가 인간을 분류하는 기준은 점점 더 협소해져서 혐오스러울 지경이더군요. 인간 아무개를 대표하는 것이 '대학'이 아닌 '연봉'이 되었을 뿐(그리고 그 '연봉'의 출발점이 바로 '대학'일 뿐) 사람이 사람을 대하는 데 중요하지 않다고 생각했던 것들이 저를 평가하고 재단했습니다. 그건 비단 '어른들'뿐이 아니었습니다. 제 또래, 동생들, 후배들, 그리고 이제 중·고등학교를 다니는 친구들까지, 인간 ○○○가 어떤 사람이냐의 기준점은 그가 다니는 회사, 그리고 거기서 노동의 대가로 받는 돈이더군요.

그리고 바로 그 기준이 저와 제 친구들을 바꿔 놓았습니다. 항상 '재미있는 일'을 찾아다녔던 저와 제 친구들은 이제 '먹고살 만한 일'을 찾아 나섰습니다. 오늘보다 나은 내일을 기대하는 것이 아니라 당장 내일 살아갈 일을 걱정하기 시작했습니다.

우리들의 공포는 여기서 출발합니다. 먹고살기에 눌려 꿈이 사라져 버린 것입니다. 꿈을 밟아 버릴 만큼 공포는 크고 강렬합니다. 이것은 비극입니다. 그리고 우리 청춘들이 이 비극을 극복하는 방법은 단 두 가지뿐입니다. 순응하거나, 도태되거나.

뭐 이런 일들이 세상을 살아왔던 젊은이들에게 언제나 있어 왔던, 이것이 단지 아주 자연스러운 인생의 흐름이라 한다면 굳이 더 할 말은 없습니다. 그러나 지금의 이 생태계는 단순한 약육강식만이 문제는 아닙니다. 청춘들은 먹이사슬 맨 아래에 자리 잡고 있습니다. 그리고 단 한 계단 올라가는 것도 어려워졌습니다. 그리고 그들은 먹이사슬 위쪽 포식자들의 먹잇감이 되고 있습니다. 그리고 포식자가 우리를 굴리는 방법이 아주 잔인해졌지요. 그들을 우리에게 희망을 주고, 다시 빼앗습니다. 그들은 우리의 생태계 독립을 종용하면서 방해합니다. 그들은 우리에게 뼛속까지 물어뜯기고도 살아남을 수 있는 방법을 가르친 뒤 우리를 물어뜯습니다. 이 생태보고서는 이런 비극적인 세상에서 살아가는 20대에 대한 이야기입니다.

이것은 저만의 일도, 제 친구들만의 일도 아닙니다. 이 절망은 제가 만든 것도 제 친구들이 만든 것도 아닙니다. 오래전부터 포식자가 되는 법을 교육받으면서도 한편으로 애완동물처럼 자라온 20대가 느끼는 생태계의 포악함은 너무 강렬합니다. 이 생태계 자체를 허물지 못하는 이상, 우리가 '행복을 온전히 느낄 수 있는 권리'는 찾기 어려울 것입니다.

그래서 내팽개쳐진 청춘들의 생태계를 들여다보고 싶었고, 이 절망의 땅에서 빠져나가는 법을 알고 싶어졌습니다. 그리고 이 글을 읽는 그 누군가에게 도와달라고 호소하고 싶었습니다.

누군가는 그런 우리에게 '88만원 세대'라는 이름을 붙였습니다. 이것은 우리의 절망을, 아니 우리 그 자체를 상징하는 용어가 되었습니다. 'X세대' 다음엔 당연히 'Y세대'가 오지 않겠냐며 바보 냄새를 풍겼던 제게도 그 이야기는 아주 가까운 이야기이자 슬프고 절망적인 이야기였습니다. 그것은 분명히 우리가 처한 상황이자 현실이었습니다. 그러나 그것이 20대들의 생태계를 온전히 표현하지 못한다는 생각이 들었습니다. '88만원 세대'라는 딱지가, 내가 30대가 되면 달라질 것인가? 또 40대가 되면 달라질 것인가? 하는 생각. 그리고 20대 포식자에게 사냥당하는 20대들의 상황도 설명하기 어려웠습니다. 그래서 이 글이 '세대론'으로 빠지는 것을 경계하고자 합니다.

그렇다고 이를 넘어서는 어떤 것을 찾기도 어려웠습니다. 차라투스트라Zarathustra가 무슨 말을 했는지도 관심 없고, 왜 마르크스Marx를 '맑스'라고 쓰는지, '너 자신을 알라'가 뭐 그리 대단한 말인지 알지도 못하고 관심조차 없는 저 따위가 이 답을 찾아내는 것은 불가능했습니다.

그래서 이 책은 이렇다 할 결말이 없습니다. 제가 아무것도 모르는데 "그래 우리가 가야 할 길은 이거야"라고 말할 수 없었습니다. 누구처럼 무작정 짱돌을 들라고 하기에는 제가 너무 무책임한 것 같았고, 저 역시 그러기가 힘들었습니다. 그리고 또 다른 누군가처럼 "청춘아 힘내, 우린 아직 젊잖아?"라고 하기에는 뭣도 없는 내 인생에 솔직하지 못한 태도라고 생각했습니다.

그래서 이 책이 얘기하는 것은 그냥 '우리의 삶'입니다. 한 똑똑 하는 사람들이 세대론이니, 그게 아니니 박 터지게 싸우는 사이, 저처럼 '맑스'를 '막스'라 쓰는 대부분의 20대는 지금 이 순간에도 TV의 모 예능 프로그램인 양 인생을 복불복처럼, "나만 아니면 돼~"를 외치며 살아가고 있습니다. 그러나 그들은 똑똑한 어른들이 혀를 끌끌 찰 만큼 한심한 사람들도, 아무 것도 모르는 바보도 아닙니다. 많은 20대는 세상의 부조리를 직관적으로 알고 있고 내심은 분노하고 있습니다. 다만 그러한 분노를 밖으로 표출하기엔, 좀 바빠 보입니다.

그런 그들의 이야기를 진심으로 듣고, 풀어내 보면 어떨까 싶었습니다. 지금 현재 이들이 처한 상황을 하나하나 돌아보면, 그리고 그들의 이야기를 보리수나무 아래서 쓰다 보면, '아!' 하고 무릎이 탁! 쳐질 수도 있는 거니까. 그리고 무엇보다 저 역시 20대이기에 제 이야기를 하고 싶기도 했습니다(이 글을 썼을 때는 분명히 그랬습니다. 우여곡절 끝에 책이 되어 나오는 동안 저는 바야흐로 서른이 되었습니다).

그래서 제가 듣고 겪고 느낀 이야기들을 블로그에 주저리주저리 풀어놓기 시작했습니다. 공부도 잘하지 못하고, 눈에 띄던 아이도 아니었으며, 좋은 대학도 못 간, 이 세상의 기준으로 따지면 일종의 '삼류'이기에, '나와 똑같이 삼류처럼 살아가는 그들의 정서를, 그래도 어떻게 잘 포착할 수 있지 않을까?' 하는 쓰잘데기 없는 영웅 심리. 그래요, 그것도 솔직히 좀 있었습니다.

앞서 말했듯, 이 글은 '어떻게 사니?'라는 질문에 대한 20대의 대답을 모은 것입니다. 그러나 이것이 세대론으로 읽히지는 않았으면 좋겠습니다. '니가 이렇게 써 놓고 뭔 소리야'라고 묻는 사람을 위해 세대론이 부적절한 이유도 뒷부분에 나름대로 조금 제시해 보았습니다. 그것이 세대론보다 진화된 제안인지, 제대로 된 이야기인지는 자신할 수 없지만 그저 '대한민국에서 살아가는 삼류인생 찌질이가, 이 글을 봐 주는 누군가에게 마음을 다해 전달하는 간곡한 부탁' 정도로 이해해 주면 좋겠습니다. 그냥, 그랬으면 좋겠습니다.

  2008년 5월쯤부터 주로 술자리를 전전하며 제 주변 20대 친구와 선후배들이 해 준 많은 이야기를 엮었습니다. 대한민국 모든 20대의 이야기에 비하면 그래 봐야 작고 좁은 이야기이지만, 나름대로 격무에 시달리는 저임금 정규직임에도 시간을 쪼개 꽤나 많은 친구들의 이야기를 들었고 인터뷰했습니다. 자신도 모르게 인터뷰를 승낙한 분만 20~30여 명이고 특히 '진하게' 샘플이 되어 준, 저만큼이나 딱하게 인생을 사는 제 친구들은 그 2년 동안 수시로 인터뷰를 당했습니다(물론, 그들은 자신의 얘기가 이런 상업적 용도에 쓰일 줄은 몰랐을 테지만 말이죠). 연재 시작에 앞서 이 친구들 몇몇에겐 양해를 구했지만, 아직 양해를 구하지 못한 친구들이 상당합니다. 사실 '인터뷰'라기보다는 고민 상담에 가까웠기에 여기 등장하는 인물의 이름은 모두 가명입니다. 무엇보다 이런 식으로 이용당할(?) 줄도 모르고 주저리주저리 같이 얘기해 준 순진한 어린양들에게 무한한 감사의 인사를 보냅니다.

이 책은 '늪지 생태보고서'와 '사막 생태보고서'로 나뉩니다. 늪지 생태보고서는 한 발을 딛자마자 빠져들어 다시는 헤어나지 못하고 그대로 말라 죽을 지경에 놓인 20대들의 이야기입니다. 사막 생태보고서는 일을 해도, 사랑을 해도 황량하기만 한 20대들의 이야기입니다. 그리고 같은 생태계에서 살아가는 사람 중 하나인, 제가 이 생태계에 대해 하고 싶은 이야기도 조금 들어갑니다.

아들내미가 그닥 좋은 대학을 가지 못해 함께 죄인 취급 받아야 했던 우리 부모님, 뭐든 자신 없고 소극적인 내게 존재만으로 큰 자신감을 주고 있는 우리 누나. 내 가장 큰 샘플들이자 이용 대상인 순진한 어린양, CBL팸('쪼발린〔쪽팔린〕 패밀리'—양모 군, 이모 군, 강모 군, 박모 군). 많은 선후배, 그리고 '비주류도 큰 목소리 낼 자격이 있다'는 것을 가르쳐 준 내 학회 '아리랑', 종종 제게 쇠고기 보급을 해 준 '레디앙' 식구들, 찌질한 삼류의 목소리를 이렇게 멋진 책으로 내주신 능력자 '시대의창' 식구들, 그 밖에 많은 분들께 감사의 인사를 전합니다. 특히 냉금 씨, 고마워요.

탐험대장 소개

고백컨대 나 자신이야말로 이 시대 20대의 전형이자 보고서에 쓰일 만한 완벽한 샘플이다. 누구에게 인기를 끌 만큼 대단하기는커녕 존재감 제로에 가깝다. 몸매는 셰익스피어의 5대 비극이며 기억력은 그런 게 있었는지도 가물가물할 정도고 창의력은 가출한 지 오래다. 누구나 들어도 모를 만한 대학을 나와 누구나 들어도 모를 만한 회사에서 근무를 하고 있으며 소득은 연봉으로 따지기도 송구하고 모아 놓은 돈은 통장에 면목없게도 '-' 단위로 돌입한다. 나는 내가 앞으로 뭘 해야 할지 솔직히 모르며, 그러면서도 남들 앞에서는 뭔가 대단히 자신 있는 사람처럼 행동하지만 속으로는 '이거 이래도 되나?'를 수백 번 되뇌는 왕 소심 A형이다.

그런 내가 제삼자의 자리에 앉아 우울하고 힘든 사람들의 이야기를 듣고 보고서로 작성한다니, 기가 막히기도 하고 무엇보다 스스로 너무 찔려서 일단 대원 없는 탐험대장의 실체부터 커밍아웃하고 이야기를 시작하는 게 좋겠다. 그래서 뭐 안 물어본 이야기를 굳이 하는 이유를 한 문장으로 만들자면 이렇다.

"저기, 나도 별 볼 일 없는 사람이니 너무 기대하지는 마세요……."

위인전도 아니니 어릴 때 이야기는 할 거 없다. 이건 비밀이지만 난 알에서 태어나지도 않았다. 그냥 곧바로 내가 지금 이렇게 사는 이유부터 파고들면 좋겠다. 앞서 발간사에서도 잠깐 말했지만 지금의 내 모든 것은 사실상 10대에 80퍼센트 정도 판가름 났다고 보는 것이 맞다. 다른 사람도 마찬가지일 것이다. 사실 애기를 듣다 보면 안 그런 사람 없던데, 나 역시 초등학교 때는 성적이 괜찮았더랬다. 그리고 중학교에 입학하자마자 배치 고사를 치른 후, 전교 50등까지 차출해 따로 보충수업을 받게 했더랬는데, 웬일인지 내가 거기 끼어 있었다. 당시 그 틈새에서 좀 날고 긴다는 애들 모아 놓고 처음 하신 선생님 말씀이 기억나는데, "분명 여기 있는 애들 중에 반 정도는 다음에 여기 못 들어올 것"이라며 "쪽팔리기 전에 잔말 말고 뇌가 굳기 전 공부 빡씨게 하라"는 뉘앙스의 얘기였다.

그런 이야기를 들으면서, '거 다음에 떨어질 놈이 어느 놈인지 참 불쌍하다'는 생각을 했었는데, 내가 곧바로 거기서 탈락

할 줄은 꿈에도 몰랐다. 그 후로 내 성적은 이명박 정부 초기 주가 떨어지듯 폭락하기 시작했는데, 암만 생각해도 딱히 공부에 취미도 없었고 재미있지도 않았기 때문이다. 그때가 마침 컴퓨터라는 게 점차 보급되기 시작할 때였는데, 그 시절에 내 나이 또래 아이를 둔 집에서 흔히 그랬겠지만 우리집 역시 없는 살림에 장차 프로그래머가 될 누나를 위해 컴퓨터를 샀었다. 다만 그 컴퓨터가 딸은 프로그래머로, 아들은 프로게이머, 아니 그냥 게이머로 키우게 될 줄은 부모님도 몰랐을 것이다.

심지어 '지뢰찾기'까지, 당시 오락이란 오락은 모두 섭렵한 반면 공부는 흥미 없고, 그래서 성적은 시험을 볼 때마다 뚝뚝 떨어져만 갔다. 그리고 이제 인문계 고등학교 가느냐 공업고등학교를 가느냐 길목에서 선택의 시간이 다가오고 있었다.

우리집에서는 한 번도 내가 대학에 들어가지 않는다는 생각을 한 적이 없기 때문에, 상고를 나와 빨리 돈 벌고 싶다는 당시의 내 생각은 발설도 되지 못한 채 자연스럽게 사장되었고 나는 결국 집 근처 인문계 고등학교에 들어갔다. 거기서 본 첫 모의고사 성적이 190점대(400점 만점), 석차는 반에서 32등이었다. 그럼에도 나는 내가 공부를 못한다는 생각을 한 적이 없는데 그 이유는 딱 하나, '공부를 한 적이 없으니까.'

각설하고, 그 후로도 딱히 하는 것 없이, 이렇다 할 취미도 없이 그냥저냥 살다가 고등학교 2학년 때부터 문득 피타고라스가 몸속에 빙의되면서 수학에 흥미를 느끼기 시작했고 미친 듯이 문제집을 풀어 제끼기 시작했다.

그때 꽤나 공부해서, 다 푼 문제집이 어느새 집에 난지도 매립지마냥 쌓여 갔다. 우리 어머니는 풍악을 울리며 지속적으로 문제집 공급을 이어갔고, 결국 충분한 실탄과 강도 높은 훈련의 적절한 조화로 2학년 2학기 중간고사 때 성적이 꽤 많이 올라 난생처음 선생님에게 선물과 관심이란 것도 받아 봤다. 그 다음도 괜찮았고 3학년 첫 모의고사 때는 가히 상위권 등수를 기록했다. 이거 어쩐지 점점 내 자랑 늘어놓는 것 같아 재수 없겠지만, 중요한 것은 그 다음이다. 이미 임계점을 지난 내 머리로는 더 이상 성적에 특별한 발전이 없었고 결국 공부에 질려 버린 나는 다시 친구들과의 친목 도모를 주전공으로, 게이머의 길을 부전공으로 삼고 문제집과 공부를 접기 시작했다. 그래도 그동안 쌓아 놓은 것이 있어 모의고사는 계속해서 꽤 괜찮은 수준을 유지해 갔다.

바야흐로 대입 수학능력시험 전날, 갑자기 몸에서 고열이 나기 시작한 나는 사경을 헤매면서 '아, 이렇게 수능을 망쳐도 뭔가 핑곗거리가 생기는구나'란 생각에 엄마 몰래 입가에 수줍은 미소가 번졌더랬다. 그런데 수능 전날을 하루 종일 잠만 자며 보냈더니 수능 날 자동으로 새벽 5시에 일어났고, 나는 마치 다시 태어난 것처럼 날아갈 듯한 몸 상태와 상쾌한 뇌의 공회

전을 느끼며 기분 좋게 집을 나섰으며, 수능 고사장에 도착해서는 오엠알OMR카드에 용을 그리듯 미친 듯이 문제를 풀어 제꼈다.

수능 끝. 친구와 만나 그래도 기존의 수준에서 너무 어렵지 않게 나왔다며 서로의 꿈을 키우고 있는데 갑자기 주변에서 "왜 이렇게 쉽냐"는 원성이 들려오면서 뭔가 불안하게 하더니 집에 와 뉴스를 틀자마자 '사상 최저 난이도의 수능'이란 헤드라인 기사가 떴다. 집에서 채점해 보니 나는 모의고사 수준에서 큰 변화가 없었는데 남들은 20점씩 올랐다고 한다. 암만 봐도 내 점수가 300점보다 400점에 비교적 가까운 편이거늘 이거 서울은커녕 인천에도 내 발붙일 곳 없어, 나도 처음 들어 본 대학에 원서를 제출하고 하루 중 6분의 1 정도를 등하교 시간에 바치게 되었다. 이렇게 내 20대가 결정되었다.

그리고 20대의 시작. 그래도 늘 가고자 했던 전공을 지원해 나름대로 기분 좋게 학교를 다녔더랬다. 그런데 하필 그 학교에 마지막 남은 운동권 잔당(?)들을 만나게 되면서, 그들에게 '전경에게 매 맞아도 멍들지 않을 몸'이라는 극찬을 들으며 구애에 시달렸다. 그러나 사실 무섭기도 하고, 별로 땡기지도 않아 운동권과는 대학 다니는 내내 약간의 '밀당(밀고 당기기)'이 오가는 사이로 지냈다. 그래도 경험이 경험인지라, 덕분에 지금 내 사고방식의 상당 부분을 그때 체득하게 되었다. 그런데 그것과 이 땅에서 20대로 행복하게 사는 것은 전혀 관계없는 일이었다.

대학을 졸업하고 남들은 너무 취업이 어렵다며 징징거리고 있을 때 나는 이력서 단 한 방에 붙었으니, 토익 점수는 차마 부끄러워 적지 못하고 별다른 경력도 없어 거의 백지에 가까운 이력서를 가지고도 그 어려운 취업의 벽을 뛰어넘었다. 다만 MB 님께서 말씀하셨듯 눈을 지방에 두었고 애초부터 하고 싶었던 시골의 기자 일을 지원했을 뿐. 어쨌든 취업을 하긴 한 거였다. 그곳에서 시골길 논두렁을 달리며 마을 사람들과 호흡하는, 발로 뛰는 기자라는 일을 하고 싶었다. 근데 뭐 이거 만나는 것은 순 지역 유지들에, 어디 관변 단체 아저씨들이 노래방 도우미 끼고 엉덩이 흔들어 대는 것을 보고 있어야 하는 비극이 내게 찾아왔다.

직장 상사는 내게 충성을 요구했고 업무 외 시간, 업무 내 시간을 가리지 않고 사적인 업무(?)에 나를 활용하기 시작했다. 나는 '사회생활'이란 이름하에 그런 부조리를 감당해야 했고 지역 정치인과 관변 단체, 지역 언론의 참 그로테스크한 유착 관계를 느끼면서 하루하루 힘들게 보냈더랬다. 그래도 내가 어디 갈 만한 '스펙'이 되어야 "어이, 기기 네놈들, 정말 더러워서 여기 못 있겠어!"라고 소리 지르고 나갈 법한데, 생각나는 것은 돌아오는 카드 값 기일이라. 차마 그만두지도 못하고 그냥저냥 하루하루 우울하게 보냈다.

그러나 결국 때마침 터진 삼성 유조선 침몰과 태안-서산의 기름유출 사태, 이에 대처하는 지역 언론들의 자세를 보며 '아, 이거 더 이상은 못 견디겠구나' 하는 큰 실망감을 안고, 두 명을 뽑는데 두 명이 지원했다는 '레디앙'이란 매체로 적을 옮겼다. 그때부터 지금까지 레디앙에서 근무하는 3년 동안 월급이 다소 올랐지만, 사실 오른 뒤에도 역시 연봉이라 부르기 미안한 수준이라, 받는 돈으로 밥 사 먹고 보험료 내고, 어머니 세탁기 하나 사 드리고 하니 이거 뭐 남는 것도 없는 그야말로 짤짤이 인생을 살아가고 있다.

그래도 이 바닥이 비교적 진보랑 가까운 곳이라, 그래도 사람 사는 냄새는 나지 싶었다. 물론 전에 일하던 곳보다는 매우 훌륭한 사람들이 살고 있는 곳이라고 단언할 수 있지만 이 동네도 누가 한국 사회 아니랄까 봐 그 학벌이란 것, 그리고 계급이란 것이 중요하고 그것이 당연한 메커니즘으로 받아들여지는 것까지는 어쩔 수 없었다. 게다가 그놈의 편 가르기와 편 갈라 놓고 아닌 척하기 행태를 보고 '정말 이 사람들 유치하구나' 하는 생각을 했다. 나도 어지간히 철딱서니 없지만, 진보주의자라는, 배운 분들도 결국 어쩔 수 없는 한국 사람이구나 싶었다. 음. 그게 사람 냄새인가?

앞으로 가끔 나의 20대에 대한 이야기가 나오겠지만, 지금까지 설명한 그 정도다. 뭐 별 생각 없는 애가 벌써 기자라는 어려운 직업을 5년째 하고 있고, 적성을 떠나 이제 이 일은 나와 뗄 수 없는 관계가 되었다. 하지만 나는 아직도 내가 잘 살고 있는 것인지 걱정되고 앞으로 어떻게 살아야 할지 고민되며, 10~20년도 아닌 1~2년 후의 미래가 두렵다. 무엇 하나 명확하게 보이는 것도 없고 어디 쿨하게 이력서 하나 내고 싶어도 자신이 없는, 그것이 지금의 나다. 이런 사람이 쓰는 '생태보고서'가 얼마나 정교하고 완벽할지는 모르겠다. 다만 적어도 진정성 있는 말 걸기를 통해 공감이 이루어지기를 간절히 기대할 뿐이다. 자, 이제 보고서가 시작된다.

1부

늪지 생태보고서

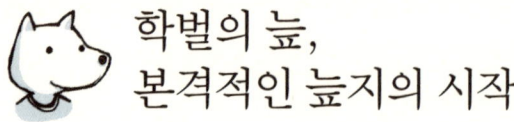
학벌의 늪, 본격적인 늪지의 시작

늪으로 한 발 한 발

위대한 MB 대통령께서는 '공정한 사회'를 언급하시며 "실패를 해도 다시 일어설 수 있는 기회가 주어지는 사회가 되어야 한다"고 말씀하셨다. 불과 2년 전만 해도 이분이 이런 말을 하리라고는 상상조차 해 본 적이 없었는데, 그때의 느낌을 말하자면 뭐랄까, 양들이 모여 있는 우리에 들어온 한 마리 늑대가 "어린양들아, 나를 믿고 따르라"고 말하는 느낌이랄까?

어쨌건 대통령께서 주무시다 꿈에서 뭔가 계시를 받아 이런 말씀을 하셨을 리 만무하고, 아마 이 시대 우리 사회가 '패자들에게 다시 일어설 수 있는 기회를 주지 않는 사회'라는 것을 지금에야 아신 듯하다. 노무현 전 대통령이 생전에 "권력은 시장에 넘어갔다"고 하셨는데, 그렇게 권력을 잡은 시장이 우리를 밀어 버리고 다시 일어서지 못하게 공구리를 친 뒤 그 자리에 대기업들의 마트를 세웠으니, 지금 그걸 아셔도 이미 늦은 듯하다.

패자는 '영원한' 패자인 사회, '코리안 드림'은 문자 그대로 잘 때나 꾸는 사회가 되어 버린 지 오래다. 지금 힘들지 않은 세대가 어디 있으랴만, 앞날이 창창해야 할 우리 20대는 이미 늪에 빠졌으며, 나이를 먹어 갈수록 더욱 깊이 잠겨 간다.

이미 학창 시절부터 빠져 버린 그 늪에서, 살아 나오는 자와 늪에서 허덕이는 자로 갈렸다. 더 기분 나쁜 것은 늪에 빠지는 시간이 점점 앞당겨지고 있고, 이제 아예 엄마 뱃속에서 나올 때부터 이미 그 늪 속에서 태어난다는 것이다. 예약제도 아닌 것이.

늪에 빠진 엄마 아빠가 늪 속에서 아이를 낳고, 그 아이는 더욱 늪 깊숙이 들어가 다시 그 속에서 아이를 낳는 비극적인 순환. 이제는 늪의 시작점이 어딘지도 알 수 없고 무조건 깜깜한 늪 속에서 죽음을 향해 점점 걸어 들어가고 있는 사람들. 대통령은 이제 그 현실을 인정하고 그들이 빠져나올 수 있게 밧줄을 던져 줘야 한다고 말한다. 참으로 감동석이시만, 그래 봐야 늑대가 양 우리에서 하는 말일 뿐이다.

어떤 친구들은 지방대의 늪에 빠져, 회사에 제출할 이력서를 원망스런 눈빛으로 하루 종일 뚫어져라 보기도 하고, 어떤 친구들은 저임금의 늪에 빠져 대출과 상환을 오가는 아슬아슬한 신용불량자 줄타기를 하기도 한다. 비정규직 친구들은 하루 열 시간이 넘는 중노동을 하고도 고작 최저임금보다 몇십 원 많은 돈을 받고 있다. 몇몇은 이 현실을 벗어나 보려고 신기루 같은 밧줄을 잡으려 하지만, 밧줄은 적고 사람은 많으니 손끝으로 밧줄의 감각만이 느껴질 뿐이라. 자신이 더욱 깊은 늪으로 빠져드는 줄도 모르고 계속해서 손만 허우적거리고 있다.

더욱 비극적인 것은 이 살풍경에 엽기 슬래서 무비처럼 부드러운 클래식 음악이 흐른다는 사실. 그리고 기회의 땅, '다이내믹 코리아'가 우리를 구해 줄 것이란 희망의 세레나데가, 목감기 걸린 참새의 지저귐처럼 비록 간헐적이나 일단 들리기는 들린다는 사실이다. 우리의 몸과 마음을 지배하는 TV에서는 극적으로 늪지대를 탈출한 사람들의 성공담이 들려오고, 그들의 늪에 있던 기억은 우리 현실과의 교신을 통해 감동 호르몬 분비를 촉진함으로써 여전히 '그래, 우리는 할 수 있어'라는 메시지를 주입한다.

그러나 사실 알다시피 그들은 그 많은 사람 중 극히 드문 경우, 즉 'one of them'이라, 각기 나름대로 매우 고통스러운 노력 등의 요인으로 탈출할 수 있었던 사람들이다. 그들의 노력을 폄훼할 생각은 단 1퍼센트도 없고 나 역시 그들이 부럽고 존경스럽지만, 사실 더욱 필요한 것은 그 경쟁에서 밀려난 나머지 사람들, 즉 'them'에게 숨 쉴 수 있는 공간과 용기를 줄 밧줄의 수다. 그리고 그들이 더욱 깊은 늪으로 빠져드는 것을 막을 수 있는 보호망이 필요할 것이다. 나아가 아예 늪의 면적을 줄여 버리는 녹화 사업(?)이 가장 필요하다. 그러나 이미 이 사회는 늪의 바닥을 더욱 깊게 파헤치고 점점 더 많은 사람들을 그 안으로 밀어 넣고 있다. 늪에 한번 빠진 사람들은 소수인 'one of them'과 절대다수인 'goddamn'으로 나뉜다.

앞서 MB 님의 발언이 늑대가 양 우리에 들어와 지르는 소리에 불과하다고 했는데, 아무리 생각해 봐도 그들이 부르짖는 '공정사회'의 의도가 뻔하기 때문이다. 결국 지금 20대가 살아가고 있는 이 늪의 생태는 늑대들이 수많은 양들을 늪으로 몰아넣고 그 살을 바르고 뼈를 녹여 포식을 하다가, 도망갈까 혹은 떼로 몰려 저항할까 두려워 가끔 양들 중 몇몇을 선택, 그들에게 채식보다 육식을 권하며 늑대의 세계로 편입해 주는 방식으로 이루어진다.

그리고 늑대들은 그들을 전면에 내세워 양들에게 희망을 준다. 그것이 '공정사회'다. 즉 "너희 중 누군가는 우리처럼 될 수 있어. 그게 누구든 열심히 우리 뒤를 따라다니면 돼. 어때, 공정하지?"라는 것이다. 여기에 양들이 최소한 생명은 부지할 수 있도록, '민생'이란 이름의 여물을 양들의 손에 조금 쥐여 주는 서비스가 추가된다. 최대한 온화한 미소로.

'공정사회'가 되려면 애초에 이건희와 그와 동갑인 아저씨들이 똑같은 교육을 받고 각자의 소질을 계발해야 한다. 하지만 절대 그럴 일 없다. 그들은 절대로 포식자와 포식당하는 자의 관계를 역전시키거나 동등하게 만들려 하지 않는다.

포식자와 포식당하는 자의 관계가 필연적인 생태계의 법칙이라 굳이 주장한다면 할 말은 없지만, 이 생태계를 관장하는 신께서 일방적으로 늑대의 편을 들어 준다면 분명히 문제가 있다. 늪에 빠져 허우적대는 수많은 어린양을 돌보지 않고 신이 늑대와 함께 춤을 춘다면 그들이 굳건하기를 바라는 생태계는 오히려 더 빠르게 균열될 것이다. 양들은 말라 죽고 물려 죽고 불타 죽어 없어지는데 늑대들의 배만 계속 불려 준다면, 포식당하는 자들의 개체 수가 줄어 결국 그 생태계가 파괴되기 때문이다.

지금이 그렇다. 이 시대에 웬 늑대 출신의 신이 나타나 생태계의 조화를 지켜 주기는커녕 어린양들의 발밑만 더 깊게 파고 있다. 이제 늑대 혹은 늑대와 가까운 양이 아닌 모두를 비정규직이라는 요리로 만들어 '국가고용전략 2020'이라는 포장지에 둘둘 말아, 먹기 좋게 늑대의 밥상에 올리려고 한다. 심지어 이 분위기를 타서 장애인이나 어르신들이 이용하는 지하철 우대권도 소득에 따라 따로 돈을 매겨야 한다는 엽기적인 발상까지 오르내리는 형편이다. 어쩌면 그분들이 지하철을 이용하기 위해서는 소득증명서를 떼어야 하는 불행한 사태까지 올지도 모르겠다. 그런데, 생각해 보면 그렇게 고소득층인 장애인이나 어르신들이 과연 지하철을 탈까? 이건희가 지하철 탄 광경은 상상도 해 본 적이 없는데.

어쨌든, 지금 우리 모두는 늪에 빠져 있다. 도망칠 곳은 없다. 적어도 육지 쪽으로는. 그렇다면 가만히 앉아 여기에 순응해 죽거나 육지 반대편으로 도망쳐 죽어야 한다. 그들이 가끔 던져 주는 밧줄을 잡으려고 손을 뻗으려 허우적대다 보면 자신도 모르게 더 깊은 늪으로 빨려 들어갈 것이다. 물론 그래도 그 밧줄을 잡는 것이 좋은 방법일 수도 있다. 그러나 늑대들은 자신과 같은 늑대가 더 많이 생기기를 바라지는 않을 것이다. 아주 조금씩, 늑대의 개체 수를 유지하면서 양의 극히 일부만 구원할 것이다.

이번 장에서는 늪지에 빠져 버린 20대, 늪에서 허우적대는 20대, 탈출하기 위해 노력하다 더 깊은 곳으로 빨려 들어가는 20대의 이야기를 해 보고자 한다.

명문대와 지방대

내 나이 스물, 이마에 낙인 하나가 찍혀 버렸다. 그리고 그것은 '그들'과 나를 분리했다. 그것은 바로 대학에 들어가면서 찍힌 도장이고, 돼지고기 육질 증명하는 것마냥 나라는 인간이 얼마만큼의 가치가 있는지 증명하는 도장이다. 그것은 내가 이 나라에서 살아가는 게 얼마나 가치가 있는지 환산하는 기준이 되는 만큼 '가격표'라고 부를 수 있을 것이다. 이 가격표가 사

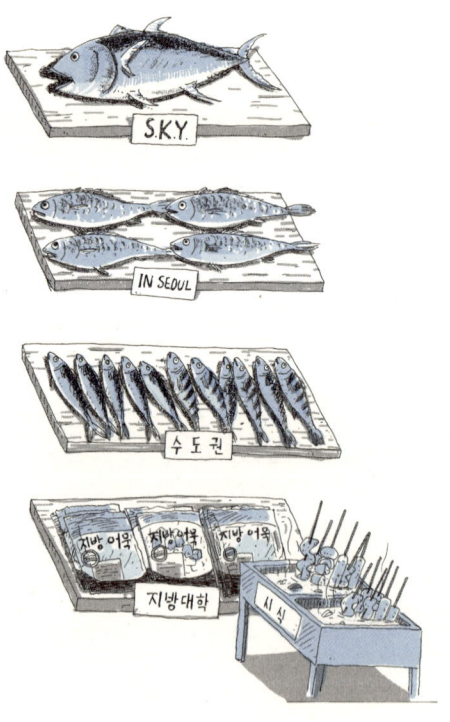

람들을 분류한다. 늪 안으로, 늪 밖으로.

서울대, 연세대, 고려대 따위에 들어가 'A급' 도장이 찍혔다면 이 사회에서 보호받아야 할 고가의 최우수 품질이다. 성균관대, 이화여대, 서강대같이 서울 안 4년제에 들어갔다면 'B급'이다. 비교적 우수한 품질로 이 사회가 보호해야 할, 역시 중요한 관리 대상이다. 서울에는 못 들어갔으나 그래도 4년제 수도권 대학교에 들어가면 'C급'은 된다. 하지만 이미 그 가격이나 품질은 A나 B급에 비할 바가 아니다. 당연히 크게 떨어진다는 의미다. 그리고 수도권 밖으로 넘어가면 그냥 통칭해서 'D급'이다. C급 혹은 D급 가운데서도 가끔 A급, B급으로 재발견되는 사람들도 있으나, 나머지 절대다수는 그냥 하급으로, 늪 속에서 그대로 살아간다. 이 따위로 나뉘어 찍힌 도장은 입학과 함께 얼굴에 선명하게 새겨지며, 졸업과 함께 세상에 공개된다. "얘는 이런 놈이래요."

안구에 습기 차는 말이지만 우리들의 '패배'는 그렇게 시작되었다. 80년 인생을 규정하는 단 한 번의 결정적인 승패가 고작 스무 살 때 갈린다. 그리고 이 싸움에서 승리한 자들과 패배한 자들은 엄연히 다른 길을 걸어간다. 적어도 대한민국, 이 사회에서 그 도장은 꽤나 막강한 권위를 갖는다.

어릴 때 똘똘했다고 엄마랑 아빠만 보증해 주었던 한 녀석은 대입 수학능력시험에서 그동안 보아 온 모의고사 점수와 비슷한 점수를 맞았다. '그래 뭐, 어려운 시험이었는데, 나름대로 최선을 다했어. 다른 애들도 그렇게 받았겠지'라고 자위하는 가운데 TV에서 뉴스가 흘러나온다. "이번 수능은 사상 최대로 쉬웠던 수능이라 평가받고……." 이런 니미, 하지만 어쩌랴, 시간을 되돌릴 수도 없고 대학은 가야 하니. 어쨌든 대입 배치표를 쫙 펼쳐 놓고 점수대에 맞는 대학을 하나하나 찾아가는데, 이런 망할, 존재조차 몰랐던 대학의 이름이 자신의 점수대에 떡하니 붙어 있다. 그동안 공부하면서 '그래, 정 안 되면 너라도 선택해 주마'라며 무시했던 대학은 손가락이 한없이 위로 올라가는데도 나올 줄 모르는 젠장맞을 상황. 한숨 푹푹 쉬며 '이거 재수해, 말어?' 고민하던 그는 "그래 재수 없게 무슨 재수냐"며 그 처음 본 대학을 가기로 했다.

 생각도 못한 대학이었으니 한 번 가 본 적도 없어, 어디 있는지 인터넷으로 간신히 찾아 전철에 몸을 맡기고 쭈그리고 앉아 졸다 일어나다 졸다 일어나다 하길 두 시간. 내려서 학교 가는 스쿨버스를 간신히 찾아 자신과 똑같은 표정으로 버스에 오르는 아이들과 산을 넘고 다리를 건너 논밭을 지나길 30분, "우릴 대체 어디로 끌고 가는 거냐"며 두려움에 떨던 그들이 그렇게 도착한 학교. 주변은 휑하니 온통 논밭이었고, 군대도 아닌데 사람이라곤 눈 씻고 찾아봐도 없고, 웬 풀 뜯어 먹는 소만이 멍하니 그를 바라보고 있었다.

안 그래도 매일같이 '등교'라는 이름으로 이 긴 여정을 떠나야 한다는 괴로움에 몸서리쳐지는데, 더 슬픈 것은 주변의 시선이라. "그래도 쟤는 설마하니 지하철은 타고 다니겠지"라며 칭찬하던 친척들은 그가 농대도 아닌데 달구지와 소가 있는 곳에서 대학을 다니게 되었다는 소식을 듣고, 안타까움을 금치 못하며 앞다퉈 추모 논평을 발표해 댄다. "너 공부 잘하지 않았다니?" "아아, 네가 우리 가문의 영광이 될 줄 알았는데!" 그런데 그들의 말에는 묘하게, 어디에선가 '안도감'도 느껴진다. '흐흐, 내후년에 시험 보는 내 아들은 얘보다는 더 좋은 데 가겠지?'라는.

인생 딱 한 번의 기회였다. 20년을 통틀어 단 하루에 인생의 모든 것이 결정된다. 거기서 실패하고 그는 남은 60년을 패배자로 살아야 한다. 그 자신도 자신을 패배자라 생각했고, 주변도 그를 패배자로 받아들였다. 이렇게 맺힌 패배의 멍은 명문대로 갈수록 옅고, 지방대로 갈수록 진하다. 그 멍은 시간이 지날수록 점점 커져, 취업 과정을 거쳐 사회생활에 접어들면서는 온몸에 퍼진다. 좀 오버하면 '아바타' 몸 색깔 정도?

사회생활을 해도 대학에 뭐 이리 관심이 많은지, 여기를 가도 저기를 가도 "어느 대학 나오셨냐"고 꼭 물어본다. 생각 같아선 "S대요"라고 말하고 싶지만 차마 그렇게는 못하고, 기어들어 가는 목소리로 "○○대 나왔어요"라고 답한다. 그런데 모르면 그냥 모르는 대로 넘어가지, 이놈의 한국 사람들은 웬 오지랖이 이리도 넓은지 한마디 꼭 덧붙인다. "네? 뭐라고 말씀하셨어요?" 혹은 "그게 어디 있는 곳인가요?"

부글부글 끓는 마음을 가라앉히고, '이 대학이 어디 있는지 어떻게 설명해야 하나'란 생각에 멍하게 있다가, "아 네, 일단 지하철을 타시구요, 역에 내려서 ○○○번 버스를 타고 30여 분쯤 들어가시면 소 많이 키우는 곳이 있거든요? 거기 다음다음 역에 내리시면……"이라고 주저리주저리 설명한다. 그러다가 나온 대학을 이렇게 길게 설명해야 하는 자신에게 또 한 번 절망한다.

굳이 남들이 그렇게 관심 가져 주지 않더라도, 명문대 나온 친구들은 뭔가 다르다. 어떤 사람들과 술자리를 갖다가 누군가 대학 이야기를 은근슬쩍 집어넣으면서 "고려대 정외과가 어쩌고저쩌고" 하면, 도저히 들릴 수 없을 것 같은 테이블 반대편 끝자락에서 "어! 나도 고려대 나왔는데"라는 소리가 들려온다. 그리고 그들끼리 주저리주저리 말을 섞기 시작한다. 그때 느끼는 지방대 출신의 그 소외감.

"그 학교 막걸리집 아줌마가 외상을 그렇게 잘 받아 주더니 결국 망했네"라든가, "어느 건물을 지나면 연인들이 조몰딱거리기 좋은 데가 있어 거기 자주 가 구경했네"라든가 그 학교 안 나온 사람으로선 그 어디에도 관심 없는 얘기를 3학점 수업 시간 꽉 채우는 교수님처럼 떠들어 댄다. 그런 이야기를 듣다 보면 점점 심심해지고, 대화에서 소외되고, 어떻게든 대화에 한번 껴보려고 "거기가 MB 나온 학교죠?"라고 물어볼까 생각을 해 보다가, 자칫 한 대 맞을까 싶어 참는다.

결국 입을 닫고 조용히 앉아서 그들이 명문대에서 공부 안 하고 그렇게 놀아 댔다는 얘기를 들어야 하는데, 지들끼리 신나게 떠들더니 쭈그려 있던 지방대생을 그제야 보고 겨우 묻는다는 말이, "○○ 씨는 왜 아무 말 없어?"다.

'이런 젠장, 우리 학교는 동문끼리 만나도 학교 얘기 안 한다고!' 잘난 대학의 잘난 이야기들을 쉴 새 없이 들으며 심심함과 열등감에 몸부림치는 그는 그렇게 또 한 번 좌절한다.

학벌 철폐를 지상 과제로 내걸고 있는 진보는 어떤가? '진보판'에 들어오면 적어도 그런 얘기는 안 들을 줄 알았고, 사실

이 사람들도 딱히 자신이 어느 학교 나왔다는 것을 강조하지는 않는 경우가 대부분이다. 그런데, 뭔 술만 먹으면 정파부터 시작해 학교 운동권 얘기를 하면서 '서울대 운동권', '고려대 운동권'을 따지는지, 그러고 보니 80~90년대 학생운동을 이끌었던 '수장'들부터가 거의 스카이SKY(서울대, 고려대, 연세대를 줄여 일컫는 말) 출신이다. 이건 무슨 경우인가? 혹시 모 광고처럼 "It's different?" 또 지난 지방선거에서 진보 진영 후보 출마자들의 포스터는 어떠 했는가? 노회찬 서울시장 후보 포스터의 첫 줄은 '경기고-고려대'였다.

그래, 좋은 놈이든 나쁜 놈이든 똑똑한지를 따지는 것은 어디서도 마찬가지고, 그 기준이 명문대가 되는 것도 결국 똑같은 것이다. 그리고 그 똑똑한 놈들은 자기들끼리 모여 동문, 선배, 후배라는 이름으로 '학연'을 형성하고, 이것이 다시 그들과 우리의 '차이'를 만든다. 그리고 그들 틈새에 우리가 끼는 것을 배격하고 경계한다.

그러다 보니 더욱 슬픈 것은 지방대생이 스스로 느끼는 서글픈 자괴감이다. 여기든 저기든 이 사회에서 살아가는 데 정말 명문대생과 지방대생의 이른바 '수준 차'가 그들 스스로에게도 느껴질 정도라는 것이다. '(명문대 나온) 저 녀석은 어느 늪에 떨궈 놓아도 알아서 기어올라 올 것 같다'는 작렬하는 포스를 느끼게 되면 비교되게도 아등바등 살고 있는 자신이 그렇게 울적

할 수가 없다.

자신을 '진보'라고 주장하고, 남들도 그렇게 알고 있는 한 선배의 입에서 "확실히 명문대 애들이 일을 잘하는 것은 사실이지"란 말을 들은 적이 있다. 지방대 출신의 비애는 이 말을 부인할 자신이 없다는 것이고, 역시 지방대 출신인 나도 지금 세상에서 이것이 가장 슬픈 현실로 보인다. 실제로 이러한 경향성이 있다고 느껴지는 것. 물론 내가 좁은 인간관계 속에서 이것을 '경향'으로 단순하게 규정할 수 있는 건지조차 자신이 없지만, 진보마저 '경쟁'을 강조하는 이 동물의 왕국에서는 명문대 친구들이 언제나 비교 우위에 오를 수밖에 없다.

여기 두 친구가 있다. 연세대라는 곳에 입학한 한 친구는 진정한 지성의 장이 '강의실'이 아닌 '막걸리'에 있다는 것을 금방 깨달았다고 한다. 오랜 전통처럼 내려온 '지하조직' 같은 학회와 동아리, 그 안에서 니체와 '맑스'를 논하던 선배들, 그들을 바라보며 사회를 디테일하게 연구하고 싶은 지적 호기심이 무럭무럭 자라났고, 그래서 늘 술을 마시면서도 사회를 논하고 책을 읽고 다녔다고 한다. 만나면 토론하고 대자보를 쓰기 위해 현상을 정의하고 미래를 구상한다. 물론 지금은 아주 '일부 운동권'에 한정된 얘기겠지만, 놀랍게도 21세기에 아직 이런 분위기가 남아 있다고 한다.

또 다른 친구는 지방대에 입학한 친구다. 이 친구는 대학을 졸업하면서 자신에게 남겨진 것이 아무것도 없다는 말을 했다. 그는 입학하면서부터 오로지 술독에 재미를 붙였다. 학교 내 토론 문화가 없고, 그러다 보니 대자보도 나붙지 않는다. 신문과 뉴스를 기본적으로 안 보는데, 대자보마저 붙지 않으니 이 사회가 어떻게 돌아가는지, 어떤 모순이 있는지 알 수 없고 관심도 없다. 소주를 마시고 '불쇼'를 벌였다는 전설의 3, 4학년 선배들은 이제 스펙 전장에 매달리고 있고 그도 그렇게 똑같은 경로를 밟았다. 재미있게 놀고, 후회하며 스펙 쌓고.

반드시 명문대생이 위와 같고, 지방대생이 아래와 같다는 말을 하려는 것은 아니다. 단적인 예 하나로 모든 것을 판단할 수는 없다. 다만 얼마간의 내 경험에 의거하면, 명문대와 지방대 사이에는 분명한 분위기 차이가 있다. 공부 잘하는 애들끼리 모아 놓은 방과, 공부 잘 못하는 애들끼리 모아 놓은 방의 차이 정도랄까?

또 하나 예를 들면, 역시 지방대생이던 내가 4학년 때 늘그막에 학생회 간부 활동을 하면서, 당시의 2학년 학생들과 충돌한 적이 있다. 내가 다니던 사학과에서는 매년 말에 학회들이 모여 정기 학술 발표를 했는데, 준비회의 자리에서 나는 "적어도 학술 발표만큼은 지겹고 짜증 나더라도 발제와 토론으로 가야 한다"는 입장이었고, 후배들은 "그거 보는 사람도 없는데, 그런 거 하느니 연극과 노래로 재미있게 구성해야 한다"는 입장이었다. "아 젠장, 내가 완전 노인네(?)구나!"라는 한탄을 하면서도 적어도 그렇게 1년에 한 번 있는, 그것도 공부하는 학회가 학술적 성과를 발표하는 자리에서 '연극과 노래'로 1년의 고민을 풀자니, 납득할 수도 이해할 수도 없었다. 그러나 결국 그들의 의견은 '시류'였고, 나도 더 이상 역행할 수 없었을 뿐더러 군대로 말하면 일종의 말년 병장 같은 심정도 있어 그들의 의견을 따랐다. 그렇게, 학술 성과 발표 자리에서 각 학회가 1년 동안 연구한 주제와 그에 대한 그들의 고민을 느끼지 못한 채, '웃음'이 주가 되는 연극을 지켜봐야 했다. 물론 연극이 다른 사람들에게는 다른 식으로 받아들여졌을는지도 모르겠으나 요즘은 토론 한 번 없이 대학을 졸업하는 친구들도 많다고 하니, 과연 그것이 좋은 것인지, 알 수 없다.

아예 학교 자체의 분위기도 다르다. 종종 명문대라 불리는 곳에 가기도 하고 지방대를 가기도 하는데, 학교의 분위기, 대자보, 현수막, 이런 것들이 현격하게 차이 난다(물론 과거에 비해 그 절대적 수량 자체가 줄긴 했지만). 그리고 그 학교를 구성하는 인맥까지 더하면, 사실 내가 어지간한 노력으로는 그들의 인맥을 따라잡을 수도, 어지간히 공부하지 않으면 그들만큼 깊이 사유하지도 못할 것이라는 느낌을 지우기 어렵다.

커리큘럼이나 공부하는 방식에 대한 전통적 고민도 없는 대학, 그나마 '학회'라는 곳에 소속되더라도 지금은 그곳마저 술과 노래가 아니면 별다른 의미를 찾기 어려운 곳이 되어 간다. 반면 아직 '전통'이란 이름으로 비교적 사회를 바라보는 눈이 갖춰지는(그나마도 시간이 지나면 옅어지나) 명문대생들은 점차 성장해 나가고, 그들이 사회 지도층으로 재생산되는 것은 '불평등' 따위의 관점을 넘어 또 한 가지 자연스러운 '현상'이 되어 버린다. 이제 점점 학번이 내려갈수록 함께 술 마시는 후배들에게서 '사회'에 대한 고민을 듣기 어려워졌고, 나 역시 그 얘기를 굳이 하지 않는다. 어떤 방식으로든 사회적으로 앞서가는 이른바 명문대생을 보면, 이 모든 것이 사회의 문제인지 아니면 개인의 문제인지 정말 알쏭달쏭할 정도다.

물론 앞서 말했듯, 위의 사례가 명문대와 지방대 학생에게 100퍼센트 해당되는 건 아닐 것이다. 명문대에도 아무것도 묻지도 따지지도 않고 놀기만 하는 친구들이 있을 것이고(그걸 또 나쁘다고 볼 수도 없는 것 아닌가?) 토론하고 고민하는 지방대 친구들도 많을 것이다.

MBC에서 2009년 방영한 시트콤 〈지붕 뚫고 하이킥〉의 정음(황정음 분)이 자신을 서울대생이라고 속이며 지방대생으로서 고통과 절망을 뼈저리게 느끼면서도 '한탄' 이상의 어떠한 행동도 하지 않는 모습, 오히려 외모 꾸미기에만 치중하는 것 (결국 마지막에 이르러 그는 경제 파산과 함께 그 삶의 방식도 박살난다)은 많은 지방대생들이 살아가는 방식을 그려내고 있다.

지방대생들은 졸업 후 신자유주의로부터 훨씬 더 심각한 피해를 입게 될 가능성이 높지만, 역설적으로 명문대생들에 비해 더욱 쉽게 신자유주의의 포로가 될 가능성이 높아진다. 이를테면 얕은 늪에 빠진 친구들은 늪 밖의 현상을 분명히 목도하는 데 비해, 아예 깊은 곳에 빠져버린 친구들은 앞이 보이지 않아 숨통을 조여 오는 삶에 익숙해졌다고 할까?

그래도 대학 생활은 그나마 피난처라도 된다. 문제는 지방대생들이 자기 이마에 지방대 도장을 받아 나오는 그 순간부터다. 그때부터 지방대를 나온 '나'와 서울대를 나온 '그들'의 차이는 더욱 두드러진다. 이를 극복하기는 쉽지 않다. 보통 대학을 졸업하면 남성은 26세, 늦지 않은 나이지만 사실 이 차이를 극복하기에는 너무 늦은 나이다. 이미 지방대 낙인 아래 비정규직으로, 저임금에 시달리며 그야말로 하루하루, 간신히 살아가고 있기 때문에.

명문대와 지방대에 대한 시선의 차이, 그리고 명문대생과 지방대생의 대학 생활 차이. 이 차이가 앞으로의 인생 전체를 규정한다. 이렇게 빠져 버린 늪에서 어떻게 헤쳐 나와야 할 것인가? 아니, 더 들어가지 않을 방법부터 고민해야만 하는 것일까?

친구가 승진에 실패한 이유

"뭐, 고졸이라 그랬겠지."
"그…… 그걸 너무 담담하게 이야기하는 것 아니냐?"
지난해 초여름 무렵, 가장 친한 친구에게서 문자가 왔다. "나 승진에서 떨어졌다. 왜 그런 줄 아냐? 내가 대학 안 나와서다. 술이나 한잔하자. ㅋㅋㅋ"
'영업직' 사원이라 실적에 따라 나보다야 돈을 더 받기도 했지만, 이 친구는 엄연히 비정규직이었다. 그래서 정해진 기본급은 몇십만 원대의 아주 적은 금액이고 1년 이상 일해 봐야 퇴직금을 받을 수도 없는 상황이었다. 그런 이 친구에게 승진은 적어도 이 늪 깊숙한 곳에서는 벗어날 수 있는 한 가닥 동아줄과도 같았다. 오로지 영업 인센티브로 월급을 채워 가는 그가 승진을 해낸다면 적어도 안정적인 '기본급'을 받을 수 있을 것이고, 노동자라면 당연히 보장받아야 할 '4대 보험'도 비로소 보장받을 수 있을 것이다. 그리고 오래 일하면 퇴직금도 받을 수 있다. 즉 '정규직'이 되는 것이다.
그러나 이 동아줄을 끊어 버린 건 다름 아닌 그의 '학력'이었다. 나름대로 괜찮은 영업 능력으로 꾸준히 실적도 냈고 생긴 것부터 말하는 것까지 워낙 웃긴 녀석이라 회사 사람들과도 잘 지내는 편이었는데, 병역 의무를 마친 뒤 집안 형편으로 그만

둘 수밖에 없었던 대학 공부가 그의 동아줄을 끊어 버린 셈이다. 게다가 알고 그랬는지, 녀석 생일 바로 며칠 전에.

친구들끼리 모여 술 한잔 나누면서, 우리는 속상한 마음에 녀석에게 "거봐, 아무리 힘들어도 대학 졸업장은 따야 한다고 했잖아"라며 되레 나서서 화내고 더 푸념할 수밖에 없었지만, 사실 좀 더 근본적으로 따져 보면 납득할 만한 다른 이유도 없이 단지 '학력이 딸린다'는 이유 하나로 승진에서 배제되는 현실이 말도 안 되는 것임은 분명하다. 혹시 이 회사가 녀석이 못생겼다는 등의 다른 이유로 승진에서 배제해 놓고, 그 사실을 차마 밝힐 수 없어 그에게 '너는 학벌이 딸려서'라고 말했을는지도 모르겠다. 그렇지만 이 역시 '학벌'이 승진의 '사유'가 될 수 있다는 것을 전제로 한다. 나는 그것도 납득할 수 없다.

명문대니 지방대니 주절주절했지만, '4년제 졸卒'과 '전문대졸' 사이에도 넘을 수 없는 벽이 있다. 이런 대한민국 사회에서 20대 '고졸'이 느낀 벽은 얼마나 두텁고 그 높이는 또 얼마나 높았을까? 지나치게 착하고 순한, 그리고 덩치에 안 맞게 일도 빠릿빠릿하니 잘하는 나의 친구는 고작 스물여덟 살에 이 벽 앞에서 좌절할 수밖에 없었다(회사를 그만두고 이제는 다른 곳에서 열심히 살아가는 친구를 위해 건배를!).

물론 '고졸'이라고 해서 무조건 '사회 최하층'으로 편입되는 것은 아니다. 내가 이런 변명까지 왜 하는지는 모르겠으나, 어쨌든 고졸 출신으로 자신의 전문 직종을 가지고 행복하게(이 나라에선 돈 버는 게 행복한 거니까) 잘 살아가는 사람도 있다. 하지만 지금과 같은 20대 생태계에서 '고졸 20대'가 차지하게 되는 영역은 먹이사슬 맨 아래 부분일 가능성이 높다. 내 친구가 겪은 비극적인 이야기는 지랄맞은 '학벌민국'에서 '고졸'들이 겪은, 겪고 있는, 또 언젠가는 겪어야 할 아픔이다.

주변 '고졸'들이 사회생활을 몇 년 하다가, 방송통신대든 야간대학이든 어떻게든 대학에 가려 애쓰는 이유를 난 이렇게 사회에 나와서야 알았다. 지금 4년제 대학교 다니는 사람들에게야 '대학생'이라는 신분이 술도 좀 마시고, 미팅도 좀 하고, 이렇게 반쯤 즐기다 졸업장이라는 종이 한 장 받고 나오는 '코스'에 불과하지만, 누군가에게는 그 종이 한 장이 무척이나 절박하다.

30대 초반의 한 선배도 결국 그 벽을 극복하지 못하고 방송통신대학에서 '학사 학위' 하나 얻고자 말 그대로 주경야독의 길로 접어들었다. 이 선배도 결국 승진이 문제가 된 것이다.

"대졸과 고졸이 승진 체계가 아예 달라. 내가 아무리 노력해도 올라갈 수 있는 게 한계가 있다니산. '학사 학위' 한 장, 나에겐 그게 정말로 필요한 것이지. 솔직히 너 같으면 고졸 상사 밑에서 일하고 싶겠냐고. 요즘 애들 다 대학 나와서 능력도 좋고 스펙도 빵빵한데 나 같은 사람이 상사로 와 봐, 뒤에서 씹어 대는 게 장난 아니라니깐? 회사도 그게 싫을 테고, 나도 그게 짜증 나니까. 이래저래 대학 졸업장은 필요한 거지. 그러니 너도 빨리 복학해서 기를 쓰고 대학 졸업해. 당장 돈 번다고? 그게 중요한 게 아니라니깐."

결국 그는 낮에는 일하고 밤에는 공부하는 '피곤한 삶'을 자처해 살고 있다. 분명 8시간 노동을 하면 8시간은 쉬고, 8시간은 잠을 자야 살맛 나는 인생일 텐데, 그는 8시간 노동 후 8시간은 또 다른 노동을 하기 위한 '공부 노동'을 하고 있다. 꿈을 위해 열심히 한다는 건 분명 행복한 일일 테지만, 사회가 '고졸'들에게도 동등한 기회를 주었다면 굳이 인생의 즐거움을 접어 두고 골치 아픈 일을 할 필요가 있을까? 학문을 갈고닦은 증명서인 대학 졸업장이 왜 사회생활에 그렇게 중요하다는 것인가?

공부가 목적이 아닌 수단이 된 채, 이 사회에서 그렇게나 강조되는 '능력'은 '학벌' 앞에 부차적인 문제로 치부된다. '경쟁'을 그렇게 강조하는 신자유주의 국가에서, 사회생활에 그다지 쓸모없는 학력 등의 몇 가지 것들을 대하는 방식만큼은 왜 그리도 전근대적인지, 당최 알 수 없다.

더 절박한 경우는 '생산직 고졸'이다. 매일 기계처럼 반복되는 고된 육체노동과 패키지로 매일같이 느껴지는 무기력함. 하루 8시간 노동에 더해 잔업에 특근에, 다 합하면 10~12시간씩 뼈 빠지게 일해야 얻어지는 것은 120~150만 원의 월급. 30만 원 월세 단칸방에 앉아 창문 사이로 새어 드는 달빛을 벗 삼아 라면에 소주 한잔하는 '낭만 아닌 낭만' 속에서 아무리 주변을 둘러봐도, 아무리 열심히 일해도 빠져나갈 길 없다는 절망, 거기서 비롯된 우울함에 이들은 괴롭다.

특히나 최근, 공장들이 소위 '아웃소싱'이라는 멋들어진 이름 아래 인력업체를 통해 비정규직을 채용하면서 비극은 점점 더 커져 간다. 한 친구는 그렇게 1년마다 아웃소싱 업체를 전전하며 계약하는 자신을 '돌림빵 인생'이라고 냉소했다. 녀석은 몇 가지 푸념을 늘어놓았다. "이런 젠장할, 왜 이 추운 날 밖에서 일하는 우리보다 안에서 따뜻하게 앉아 있는 사무직 애들이 돈을 더 받는 거야"라든지 "생산이 얼마나 중요한데, 꼭 사람 자르려면 생산부터 자르는 거야"라든지 "똑같은 일을 하는데, 다른 회사에서 사람 사 놓고, 왜 아무 일도 안 하는 거기(아웃소싱 업체)에 쌩돈 주는 거야? 그 돈 우리를 주든지" 등등.

녀석은 작은 업체에서 생산직으로 일하다 보니 언제 잘릴지 모를 살얼음판 걷는 기분으로 살아가고 있다. 거기서 거의 하루 12시간씩 고된 노동을 하고서도 손에 쥐는 돈은 고작 최저임금 수준, 잔업에 특근까지 하루도 쉬는 날이 없는데 달랑 120만 원 받는 데 그친다(그래도 돈 쓸 데는 없다는 낙관적인 녀석).

  삶이 힘들어 어디 다른 데 취직하고 싶어도, 적어도 남들처럼 따뜻한 사무실에 앉아 일하고 싶어도, 그놈의 '대졸' 자격이 뭐기에 도전할 엄두도 못 내고 "평생 이렇게 살아야 하냐"는 걱정을 하게 만드는 건지, 사무직이 안 된다면 공장장까지라도 올라가고 싶은 꿈이 있는데, '아웃소싱'이란 발에 묶여 그 꿈마저도 포기해야 하는 건 대체 누가 강요하는지, 누군가의 장난질인지, 도무지 알 수가 없다. 그에겐 '스펙'이란 단어도 사치다.

  취업은 했으나 희망은 없는 절망적인 20대. '고졸'이란 딱지를 평생 이마에 붙이고 살아야 하는, 그래서 그 딱지를 떼고자 뒤늦게 일하면서 대학에 다녀야 하는 그런 빡빡한 삶 속에서 '취미'라는 단어는 개나 줘 버린 그들은, 이 세상이 마이 아프다.

공시족의 늪에서

대입 때도 안 한 '4수'

조금만 거슬러 올라가 보자. 초등학교, 아니 중학교 때까지만 말이다. 어른들이 머리를 쓱쓱 만지며 사탕 하나 쥐어주며 "○○야, 넌 커서 무엇이 되고 싶니?"라는 질문을 던졌을 때, 당신은 어떤 대답을 했는가? 대통령? 과학자?(지금 생각해 보면 뻘쭘한 얘기지만 나는 '공군'이 되고 싶었다. 비행기를 무척 타고 싶었으니.)

그런데 혹시 이렇게 대답했던 사람이 있는가? "예, 저는 9급 공무원이 되어서요, 간석3동 사무소에서 아저씨 등본 떼어 드릴 생각이에요. 혹시 나중에 제가 공무원이 되면 아저씨 것은 특별히 전화 한 통만 주셔도 팩스로 넣어 드릴게요. 네? 왜 공무원이냐고요? 뭐, 요새 공무원 좋잖아요? 이런 세상에 월급도 꼬박꼬박 나오고, 고용도 보장되고, 그리고 은퇴하면 공무원 연금을 받으며 여행이나 다니고 살고. 또 나중에 결혼해 애 키우기도 좋고. 공무원, 아주 좋잖아요?"

그런데 초등학교 다니는 한 친구에게 실제로 이와 비슷한 얘기를 들었다. 저렇게 심하다 할 정도는 물론 아니었지만, 분명 '9급 공무원'을 꿈이라고 얘기한 친구가 있었다. 그 아이의 꿈이나 공무원이라는 직업을 폄하하는 것은 아니다. 다만 그 대답을 한 친구는 공무원을 '어떤 일을 하는 직업'이라고 생각해서 그 일을 하고 싶어한 것이 아니라, '고용 보장'을 위한 선택을 했다. 그러니까 저 어린 나이에 '꼬박꼬박 월급을 받지 못하면' '고용이 보장되지 못하면' 이 세상에서 어떻게 살아가게 되는지를 벌써 알아 버렸다는 무서운 사실이 문제다.

바야흐로 '공무원 전성시대'. 공무원이 꿈인 것이 물론 나쁜 일은 아니다. 그런데 지금 우리 주변에서 공무원을 꿈꾸는 사람들의 경우는 그 꿈이 다소 다른 의미를 띤다. 이 땅의 '비주류' 혹은 '주류가 될 자신이 없는' 20대들이 그 길로 향한다는 것이다. '이 길을 택하면 이 사회에서 도태될 일은 없다'는 믿음으로 이 길을 찾아 나섰다는, 그 출발선부터가 문제다. 그리고 그 길을 택하는 사람들이 늘어나면서, 이들의 본능적인 몸부림조차 절망의 나락으로 떨어져 가는 버둥거림에 지나지 않는다는 것이 문제다.

출근할 때 지하철 1호선에서 9호선으로 갈아타려고 매일 노량진역에 내린다. 수많은 사람들이 타고 내리는 이 역의 특징은 초췌한 얼굴에 등산용 가방을 짊어진 20대가 대부분이라는 점이다. 유동인구 구성만 놓고 보면 그야말로 '젊음의 땅'이건만, 어째 이 동네는 피폭 현장 같다. 이곳이 휑해서가 아니다. 오히려 건물들이 길쭉길쭉 높게 솟아 있는 현대적인 도시에, 반짝반짝 조명이 빛나는 화려한 거리다. 그런데 지나는 사람들의 얼굴에선 생기를 느낄 수 없다.

생기 없는 노량진, 이곳은 '젊음의 땅'이 아니라, '공시족'(공무원 시험 준비생)이 '서식하는 땅'이다. 희망과 절망의 경계선에서 외줄타기를 하는 그들은 시간이 지날수록 점점 깊은 절망감을 느끼게 된다. 얼굴에서 생기를 잃어 가고 총기도 줄어든다. 그들이 사는 이 땅은 '절망'과 '좌절'이라는 폭탄을 맞은 땅이다. 피폭 현장 같은 것은 그 때문일 게다.

공무원 시험을 준비하는 이들이 점점 절망 속으로 빠져드는 것은 '다수생'의 늪으로 진입하면서부터다. 사계절이 지나는 것보다 다음 시험일을 계산하는 것이 이들에겐 세월의 계산법이다. 그들은 '인생의 황금기'라는 20대 대부분을 똑같은 교재로 똑같은 공부를 하며 똑같이 생활해 왔다. "그럼 붙어야지"라고 혀를 끌끌 차는 사람도 있을지 모르겠지만 노량진 골목을 오가는 대부분의 공시생이 똑같은 다수생 처지다. 그것이 그들을 절망하게 한다.

그렇게 몇 년을 지내다 보면 웃지 못할 일도 꽤나 일어난다. 학원에서 문득 학교 선배를 만나 무척 반가운 마음에 인사하며 잠시 수다를 떨었던 공시족 초년생. 집에 돌아와 이 재미난 우연에 대해 말했고, 부모님이 하신 대답은 "헐, 넌 후배 만나지 마"였다. 그는 그제서야 그곳에서 선배를 만났다는 것의 의미를 깨달았고, 그야말로 잔뜩 겁에 질렸다고 한다.

또 하나. 공시족 초년생은 보통 학원과 독서실에서 쓸쓸한 하루하루를 보내는데, 유독 "○○야~" "오빠~" 하며 친하게 지내는 사람들이 있다고 한다. 맨날 뻘쭘하게 밥 혼자 먹어야 하는 초년생은 그걸 부러워했는데, 재수의 길에 접어들며 몇몇 아는 사람과 인사를 나누다 문득 생각해 보니, 커뮤니티를 형성하고 있다는 것은 그만큼 이곳에서 오래 생활했다는 뜻이다. 그들이 원래부터 알던 사이가 아니었다는 것이다.

스물아홉 살, A는 '4수생'이다. 대학? 꽤 높은 수능 점수를 받았고 단박에 '괜찮은 대학'이라는 곳에도 진학했다. 그런 그가 4년째 도전하고 있는 것, 다름 아닌 '9급 공무원'이다. 그래, A는 공시족이다. 어느덧 삼십 줄을 바라보는 나이가 되었고 그 사이 좋은 사람과 결혼도 했다. 그리고 얼마 전 취직까지 했다.

그럼에도 그는 올해 다시 '9급 공무원' 시험에 도전했다. 왜? 대체 9급 공무원이 뭐길래?

스물여덟 살, B는 소방관 시험을 준비하고 있다. B 역시 공시족이다. 지난해 의무소방대를 나와 해당자만이 응시할 수 있는 특채에 도전했고, 필기시험도 한 번에 떡하니 붙었다. 그런데 실기에서 낙방했다. 그렇게 B도 재수생이 되었다.

일단 다수생에 빠져들면 어떻게 빠져나와야 할지 출구가 안 보인다고 한다. A에게 물었다. "매일 똑같은 책, 똑같은 공부, 지겹지 않니?" 뜸을 들이던 그는 "지겹다"고 답했다. "그럼 그 지겨운 공부를 왜 하냐"고 물었다. 그리고 그의 답이 돌아왔다. "이제…… 이제는 그만하려고." 그러나 오늘도 여전히, 그는 시험을 준비하고 있다. 이미 들어가 버린 늪이다. 그리고 A는 오르지 못한 고지를 바라본다. 매번 그렇게 절망하면서도, 손때 탄 행정학 책을 다시 손에 쥔다. 왜 이들은 그 끈을 놓지 못하고 있을까?

조금 거슬러 올라가 보면 공무원 붐이 일어난 건 아마도 2000년대 초반이었을 것이다. 불과 몇 년 전만 해도 TV 드라마에서는 할 게 없으면 하는 게 공무원이더니만 어느덧 그 공무원은 수십만 사람이 함께 꿈꾸는 '오르지 못할 나무'가 되어 버렸다. 그리고 그 수십만 명이 함께 공무원을 꿈꾸는 이유 역시 매우 역설적이게도, "할 일 없으면 공무원이나 하라고 했으니"다.

'할 일이 없다'는 것만이 이 길을 선택하는 이유는 아니다. 그것은 또한 '생존'을 위한 선택이다. 공시족들은 언제나 40년 후 미래까지 내다보고 말한다. 그들은 공무원 연금으로 살아가는 행복한 노후 생활을 말하고 공무원에게 쏟아지는 각종 혜택을 말한다. 아무리 생각해 봐도 지금 이 세상이 '내가 목숨을 부지하는 한 최소한의 생존을 보장해 줄' 거란 기대가 생기지 않는다. 따라서 이들이 나라의 녹을 먹으려는 이유는 또한 역설적으로 이 나라가 '생존'을 보장해 주지 않기 때문이다. "공무원이 정확히 어떤 일을 하는지 따윈 관심 없다, 일단 되면 끝"이니까.

B와 술을 마시며 소방관에 도전하는 이유에 대해 얘기를 나눈 적이 있다. 간단했다. "할 만한 일"이고, 게다가 안정된 직장이라는 직업 선택의 최고 기준을 갖추었기 때문이다. 앞으로 결혼도 하고 아이도 낳아 키워야 하는데, 사방팔방이 온통 불안정하기만 한 이 나라에서 살아남기 위해서는 무엇보다 '안정'이 중요하다. 이것이 이들을 늪으로 끌어들이는 기제다.

그 무엇도, 그 누구도 나를 챙겨 주리란 보장이 없다. 그러니 20대에 모든 것을 걸어 60대, 아니 80대까지 보장되는 보험에 들어야 한다. 남성의 경우 대학 입학, 군 입대, 그리고 졸업, 그렇게 불과 6년 남짓한 시간 안에 남은 내 인생을 결정해야만 한다. 그야말로 안정적으로 궤도에 진입하기도 전에 발사체 분리를 시도하는 격이니, 이들의 마음이 온통 불안과 초조로 가득 차 있는 것은 당연하다.

더 서러운 것은 각자 가진 꿈의 실현 여부가 모두 수치로 결정되는 것이다. A는 '공무원 붐'이 일기 전인 고등학생 때부터 공무원을 꿈꾸었고 그래서 대학도 행정학과를 갔다. 그런데 행정고시(5급)의 포부가 7급 공무원 시험으로 떨어지더니 9급에 이르렀다. 그럼에도 그는 2009년 100점 만점에 88점을 받고 결국 또 한 번 고배를 마셔야 했다. 당시 커트라인은 90점. 그렇게 오래 꿈꾸고 준비해 왔던 그는 불과 한 문제 때문에 다시 희망과 절망의 갈림길에서 절망으로 방향을 틀었다. 안정을 찾아 몰려드는 불안정한 20대들의 틈에 치여, 시간이 지날수록 불안과 초조로 고개를 떨구는 A를 보면 안타까운 마음을 금할 수 없다.

몇 년째 똑같은 모습으로 똑같은 공부를 하며, 불안과 초조 속에서 살다 보니 이들의 스트레스는 상상을 초월했다. 어떤 종류의 시험이든 공무원을 준비하는 친구들은 하나같이 "이 길이 나의 길인가?"라며 불안정한 꿈을 탄식했고, '포기'라는 말을 수백 번은 읊조렸다. 나이는 먹어 가지, 주머니에 돈은 없어지지, 내년엔 붙을 거란 보장도 없지, 그리고 "결국 니가 공부 안 해서 그런 거잖아"라는 주변의 무시까지. 그러니 결국 그들이 할 수 있는 것은 '자학'뿐이다.

"집에 있는 것 자체가 싫다." 꽤 많은 친구들이 하는 말이다. 속 썩인 적 한 번 없는 부모님들의 '내 새끼'들은 트레이닝복에 떡진 머리로 아침마다 눈 비비고 나오는 '저 웬수'가 되었다. 집에서 책 펴 놓고 있으면 "나가서 뭐라도 좀 하라" 하고, 또 눈치껏 설거지라도 하고 있으면 "이럴 시간에 공부나 하라"며 면박이 돌아온다니, 뭐 어쩌라고?

더 큰 문제는 20대 내내 전반적으로다가 단 한 가지 길만 찾고, 단 한 가지 고민에만 매몰되다 보니, 이들의 주변에 다른 고민이 진입할 여지마저 없어졌다는 것이다. 여기에 최근 공시족의 연령대가 점점 낮아지는 추세라, 이제 막 스무 살이 된 친구들까지 있다. 이들은 길게는 10년도 넘게 오직 한길만 바라보고 달려야 할지도 모른다.

"근데, 공부를 진짜 많이 안 했어요. 만약 붙는다면 다 운이겠죠. 그동안 시험 볼 생각에 토익이며 자격증이며 하나도 준비 안 했는데, 막상 지금 이렇게 되고 보니 임용고시 볼 자신도 없어요. 공부도 안 되고, 뭘 어떻게 해야 할지 모르겠어요."

한 후배가 보낸 글은 이런 상황의 절박함을 고스란히 드러낸다. 그런 그에게 내가 무슨 말을 해 줄 수 있었을까. "그래도 열심히 해야지" 따위밖에는.

어느 때나 그랬지만 지금의 20대 역시 10대에 오로지 대학 하나만 보며 정해진 교과서, 참고서를 붙들고 살았더랬다. 대학 가서도 정해진 커리큘럼에 족집게 도사처럼 시험 문제 집어주는 친절한 교수님만 따르면 높은 학점도 얻을 수 있었다. 공무원 시험을 결심하고서도 역시 정해진 참고서만 붙들고 살았던 이들에게 '무언가 창조적인 일'을 기대하는 것은 무리다.

이것이 이들이 고통의 시간을 히루히루 이이 가면시도 '다시 한 번' 공무원 시험에 도전하는 이유다. 그동안 공부라는 것을 하면서, 다른 길을 찾아볼 여유가 없었다. 이제 "다른 것을 하자"고 결심하면, 그 순간부터 이들은 행정법을 접고 '토익 책'을 꺼내 든다. 이 참고서 생활, 대체 언제쯤이나 끝나게 될까?

시험을 보고, 재수를 하고, 3수를 하고, 4수를 한다. 그렇게 '장수' 하는데, 그들은 "지금 딱 죽겠다"고 느낀다. 그러면서도 다른 길이 보이지 않아 다시 그 길을 가야만 하다니, 이런 어처구니없는 기분을 무려 몇십만이나 되는 대한민국 20대가 똑같이 느껴야 하다니!

차라리 일을 했으면

이 땅에서 이 시대를 살아가는 20대에게 선택지는 그렇게 많지가 않다. 가장 크게 나누면 '적응' 혹은 '도태'가 될 것이다. 우리는 이 둘 가운데 하나를 먼저 선택해야 한다. '도태'를 선택했을 때 일어날 일들에 대한 공포감은 이들을 자연스럽게 '적응'의 길로 이끌어, 대부분은 '적응'을 선택한다. 또 그 '적응'이라는 것을 하기 위해선 어떻게 살아가야 하는지, 이미 정해진 공식이 있고 제출된 매뉴얼이 있다. 그리하여 이 매뉴얼을 따르는 수많은 20대가 '공무원 시험'을 선택한다. 이는 가장 간편한 매뉴얼로, 단지 '점수'만 좀 받으면 적응이 가능해지고, 그 점수를 받는 '방법'도 비교적 단순하고 잘 알려져 있기 때문이다. 때문에 '도태'만은 피해야 하는 이들이 할 수 있는 최선의 선택이 바로 공무원 시험이다. 그러나 이것은 사실 선택이라 할 수 없다. 오히려 양떼처럼 '몰린 것'이라 보는 게 맞겠다.

그렇게 내몰린 장수생들은 지금 여러모로 위기에 몰려 있다. 이 매뉴얼을 선택하는 사람이 그 한 사람뿐 아니라 수십만에 이르니 경쟁이 극심하고, 이 경쟁에서 패배하면 다시 '도태'된다는 위기감이 팽배하다. 그리고 그렇게 경쟁에서 밀려 버리면 주변에서 따가운 시선들이 쏟아지고 여기서 비롯된 자괴감이 그들을 더욱 괴롭힌다.

"결국 네가 공부 안 해서 그런 거잖아"라는 말을 들을 때, 이들이 느끼는 비참함과 절망감은 이제 이 사회의 출발대에 선 20대가 감당하기에는 너무나 잔인하다. 그렇게 또 다시 '몰린' 그들의 자신감은 더욱더 떨어져 간다. 더 나아가 이제 어떻게 살아야 하는지, 심지어 시험을 다시 쳐야 하는지("한 번만 더 보면 꼭 될 텐데") 말아야 하는지("이제는 그만하고 싶다")조차 판단 불가능한 상태에 놓이게 된다. 다시 말하지만 이건 결코 선택이라 할 수 없다. 몰린 것이다.

그래, 공부 안 해서 그렇다고 치자. 그들이 몰린 것이든 스스로 선택한 것이든, 어쨌거나 이들이 겪는 이 모든 상황이 남의 고통을 참 쉽게 생각하는 어느 누군가들의 말대로 '그들 자신' 때문이라고, 정말로 자기만 열심히 공부했으면 '장수'하지는 않았다고 치자. 그런데 최근에는 문제가 또 하나 생겼다. 이제는 '열심히 하면 붙는다'는 명제를 쉽게 제기하기 어렵게 되었다. 혼신을 다해 시험에 집중하기에는 들어가는 돈이 너무 커져 버린 것이다. 그래서 그들이 조금씩 생계전선에 나설 수밖에 없게 되었다.

공무원시험을 준비하던 스물일곱 살 때, A는 다시 생계전선에 뛰어들었다. 오랜 공무원 시험 준비로 '실탄'이 바닥났기 때문이다. 공무원 시험을 준비하려면 단과반이라도 학원에 등록해야 하고, 참고서도 사야 한다. 학원을 오가는 차비도 있어야 하고 라면 하나 사먹더라도 밥값은 밥값대로 필요하다. 그렇게 그가 한 달에 필요한 돈은 약 50여만 원, 공부만 하는 그가 어떻게 이 돈을 마련할 수 있겠는가? 이 돈을 조달해 주는 사람은 역시 부모님이다. 그런데 부모님에게 기대는 데도 한계가 있다. 부모님의 경제 사정이 나빠지기도 하고, 몇 년째 낙방하는 '장수생'이기에 염치가 없기 때문이기도 하다.

그는 부모님의 경제 사정이 여의치 않아진 경우다. 부모님 은퇴는 다가오고, 은퇴 후 살기 위한 돈을 모아야만 하는 시점이 되었는데, 그의 부모님은 A의 대학 졸업 후에도 가정 소득의 상당 부분을 그에게 투자해 왔다. 그러다 정규직이던 아버님이 비정규직으로 전환되어야 하는 상황에 몰렸고, 그에게 투자할 수 있는 여유분에 한계가 왔다. 이런 거지 같은 상황이 오자 그는 "다 때려치우련" 했다. 그렇지만 그렇게 하지 못했다. 왜? 반복된 공부에 실력이 늘어 간다. 그리고 여기서 생겨난 그 '가능성'이란 놈이 그의 발목을 잡는다. 아무리 생각해 봐도 같잖은 녀석인데, 묘하게 매력적인 이 가능성은 그에게 "마지막 한 번만, 한 번만 더 도전하자"고 속삭인다. 실탄은 없지만 가능성의 속삭임은 달달하다. 그래서 그는 아르바이트에 내몰렸다. 이것이 고명한 선비만 한다던 그것, 그 유명한 '주경야독'의 생활이다.

이제 공시족 사이에서도 계급이 나뉘고 있다. 내 다른 친구는 쿨하게 "공부? 그거 돈 있는 애들이나 하는 거 아냐?"라고 했다. 공시족이라고 다 같은 공시족이 아니다. 부모의 계급에 따라 그들의 계급도 나뉜다. '부모의 지원으로 원활한 학업 생활을 할 수 있는 사람'과 '그렇게 할 수 없는 사람'으로, 그렇게. 학원과 고급 독서실에서 공부에만 열중하다가 시험을 보는 친구들에 비해, 본의 아니게 일과 공부를 병행해야 하는 친구들의 생활은 훨씬 팍팍하고 절망적이다. 그리고 대부분의 공시족이 후자에 해당할 것이다.

돈을 버는 것이 목적이라기보다 '필요한 돈만 버는 것'이 목적인 까닭에, 이들이 선택하는 아르바이트는 보통 ① 무엇보다 공부가 우선, 몸이 피곤해선 안 된다. ② 이왕이면 일하면서 공부도 할 수 있어야 한다는 조건이 요구되며, 이 조건에 부합하는 편의점이나 PC방, DVD방 같은 곳이 선택의 대상이 된다. 이렇게 아르바이트를 시작한 '주경야독 공시족'들은 카운터에 앉아 책을 펴고 밑줄을 그으며 공부한다. 그런데 그는 "솔직히, 이렇게 하면 일에도 공부에도 집중이 되지 않는다"고 말한다.

지난해 3월, 노량진역 인근 편의점에서 아르바이트 중인 A를 만났다. 수많은 공시생들이 퀭한 얼굴로 "앞에서 두 번째 줄 여자는 머리를 묶는 게 이쁘다" 따위의, 인생에 아무 의미 없을 법한 수다를 떨며 담배를 사고 사발면을 끓였다. 쏟아지는 이들의 공세에 바쁘게 손을 놀려야 했던 그를 아르바이트가 끝날 때까지 기다린 후, '내일부터는 공부 열심히 하라'는 격려의 의미로 술을 먹이려고 인근 술집으로 이끌었다.

퀭한 얼굴과 진한 다크서클, 삭막한 눈빛과 무미건조한 표정. 묘했다. '공시족'의 포스와 '비정규직'의 마스크를 동시에 지닌 그의 얼굴은, 그야말로 '안습'이었다. 대학생 때 이 친구가 아르바이트를 안 했던 건 아니지만, 얼굴이 저렇게까지 '쩔어' 있지는 않았다는 생각에, 술집에 앉아 그를 바라보는 것 자체가 마음이 무거웠다.

그는 7시에 일어나 8시에 학원으로 출발했고, 9시부터 수업을 들었다. 그리고 12시에 학원을 마치면, 인근 '저렴한' 식당에 길게 늘어선 공시족들의 뒤에 서서 초조하게 시계만 바라보다

십여 분 내에 점심을 '집어넣고' 오후 1시부터 9시까지 편의점에서 아르바이트를 한다. 그리고 대략 10시에 귀가해 씻고, 새벽 2시 정도까지 못다 한 자습을 한다. 그의 살인적인 스케줄에 경악하면서 나는 그에게 진지하게 물어봤다. "안 힘드냐?" 그런데 그에게서 돌아온 대답은 나로서는 의외였다. "불안해요."

수많은 사람들이 새벽 5시에 일어나 동도 트기 전에 독서실에 자리 잡고 앉아 공부를 시작하는데, 자기는 종일 서 있는 아르바이트를 하다 보니 그 시간에 도저히 일어날 수가 없어 불안하다 했다. 돈을 벌어야 하는 그는 남들이 공부하는 피크타임인 오후 1시부터 9시까지 아무것도 안 하고 일만 하니 불안하다 했다. 그는 자신이 일하고, 피곤해 자고 있는 바로 그 시간에 남들이 공부한다는 사실이 너무 불안해서 견디기 힘들다 했다. '공부량'이 성적과 꼭 비례하는 것은 아니지만 워낙 경쟁이 치열하다 보니 일하는 시간에도 잡념이 끊이지 않고, 심지어 공부하는 동안에도 너무 불안해 집중이 안 될 때가 많다고 했다.

여기서 문득 생각난 장면. 2008년 초겨울 한 출판기념회를 갔다가 아주 끈적하게 술을 먹고, 그러고도 새벽에 PC방 가서 기사를 쓰는, 초인적인 힘을 발휘한 적이 있다. 당시 장소가 내 방역 인근이었는데, 스스로 대견해 하며 PC방에서 나온 시간이 대략 새벽 5시, 그 자리에서 놀라운 광경을 목격했다.

'줄'이었다. "이 새벽에 웬 줄?" 20대 중후반쯤 되는 남녀들이 줄을 선 곳은 '경찰공무원 학원' 앞. 이들은 단지 '앞자리'에 앉으려고 깜깜한 새벽에 부은 눈으로 일어나 길게 줄지어 서 있던 것이다.

이처럼 누구는 잠자고, 누구는 일할 시간에, 또 다른 누군가는 경쟁에서 앞서 나가기 위해 잠을 끊는다. 매일같이 그런 경쟁자들과 맞상대해야 하는 A, 그는 일을 하면 불안, 일을 안 하면 절망이라는 막다른 골목에 주저앉아 있었다. 문제는 그것이 본인의 의지와 무관하게 노동과 공부를 병행해야 하는 '처지' 때문이라는 것이다. 이것은 공정 경쟁이라 보기 어렵다. 최첨단 비행기와 항공모함으로 무장한 진영과, 딱총으로 무장한 진영이 난전 상황에서 똑같은 전투력을 발휘할 수는 없는 거다. 이건 '전쟁'이 아니라 '학살'이다.

지금 관악의 한 고시원에서 '폐관 수련'을 하고 있는 한 친구가 한 달에 쓰는 돈은 110만 원. 그가 사치하거나 다른 짓을 하는 것은 절대 아니다. 고시원료, 학원료, 그리고 경찰공무원 체력 검사를 위해 필요한 운동에 소요되는 돈, 또 밥값 등 '최소' 필요한 돈만 110만 원이다. 이 친구가 부자는 아니지만, 집안 어른의 도움으로 그렇게 생활하고 있다. 그렇게 1년간 시험을 준비하면 드는 돈은 1320만 원. 이삼 년 동안 이 돈을 조달할 수 있는 사람이 몇이나 되겠는가? 그렇게 제반 편의시설을 제공받아 가며 공부하는 사람과 몇 시간씩 일해 가며 그 꿈을 키우는 사람이 같을 수 없다. "그래도 빡씨게 공부하면 되지!"라고 말하는 사람들에겐 엄마미소를 지으며 "그럼 니가 한번 해보지 않으련?" 하고 물음을 날리고 싶다.

더욱이 이 친구 말에 따르면 고시원 인근에 큰 학원이 들어서는데, 이 학원의 연간 등록금이 천만 원이 넘는다(소문으로는 3천만 원까지 가는 학원도 있단다). 학원에 한 번 들어가면 공부에 필요한 제반 시설도 제공하며, 개인별로 체계적인 '족집게 과외' 같은 것도 해준다니, 이런 편의를 제공받는 사람과 제공받지 않는 사람이 어떻게 공정한 경쟁을 할 수 있겠는가?

더 짜증 나는 현실은, 그렇게 어쩔 수 없이 아르바이트로 내몰려서 하루에 8시간씩, 매일 쉬는 날도 없이 일해 봐야 그들이 손에 쥐는 돈은 한 달에 불과 50만 원이라는 것이다. 엄연한 최저임금법 위반이다. 그리고 다른 아르바이트생들도 마찬가지지만, '나이 좀 있는' 이들의 경우 역시 일하는 와중에 당하는 노동법 위반 사례가 생각보다 많다. 그런데 그들은 지금 일하는 곳에서 사장이 노동법을 위반하든, 최저임금을 지급하지 않든, 관심도 없다. 이들에게 이곳은 어차피 거쳐 가는 일일 뿐이며, 이 작은 일자리 하나, 학원 근치에서 구하기도 하늘의 별 따기다. 최저임금도 받지 못하면서, 노량진 인근에 아르바이트 구했다며 "그래도 나는 행운이야"라고 말하는 그 친구에게 무슨 말을 해 줘야 하는가?

 그는 이날 술자리에서 내가 "부럽다"는 말을 입에 달았다. "그래도 형은 일도 하고, 경력도 쌓으면서, 자기 하고 싶은 거 하잖아"라며. "결혼도 하기 어려울 만큼 돈 버는 게 뭐가 부러워, 니가 붙으면 이제 내가 널 부러워하지" 하고 그를 달래도 그는 연신 소주를 들이켜며 내가 '무엇인가 하는 것' 자체를 부

러워했다. 그는 내게, 자신이 "시간을 버리고 있다"고 했다. "뭐 하는지, 모르겠다"고 했다. "20대가 사라졌다"고 했다.

"차라리 일을 했으면," 그랬으면 "이런 앞도 잘 보이지 않는 생활을 하지는 않았을 텐데"라고 말했다. 옆에서 보면 그는 그야말로 잠도 줄여 가며 하루하루를 열심히 살아가고 있지만, 자신이 가는 길에 확신을 하지 못했다. "이게 내 길이 맞는지도 혼란스럽다"며 "하루에도 몇 번씩, 지금 가는 길에 대해 고민하지만, 앞에는 이 길밖에 보이지 않는다"고 한다. 그래서 그는 지금 이 길이 그 길인지, 그게 맞는 길인지도 모른 채, 그냥 앞서가는 누군가를 뒤쫓으며, 혹은 뒤에서 쫓아오는 친구, 형제들을 뿌리치며 달릴 수밖에 없다고 했다.

여기는 금요일 밤의 노량진. 화려한 학원 네온사인들이 깜빡이지만, 대한민국 그 어느 곳보다 춥고 어두운 땅. 이곳에 얼큰하게 술에 취한 몇몇 공시생들과 그들을 못 본 체하며 무거운 가방을 메고 지나가는 공시생들이 있다. 그렇게 집으로 발길을 재촉하는 그들은 주말인 내일도 어두컴컴한 독서실에 틀어박혀 똑같은 책을 펴고, 똑같은 공부를 할 것이다. 후배 녀석도 내일 7시에 일어나 도서관에 가야 한다고 했다. 적당히 먹은 술에 피곤한지 해롱대면서도 "공부하러 가야겠다"는 굳은 의지를 가진 녀석, 부모에게 손 안 벌리려 일과 공부를 병행하며 성실하게 살고 있는 녀석, 이 녀석, 공무원 4수생이다.

공시족 콤플렉스

큰 불이 나고 건물이 검은 연기에 휩싸였다. 안에 있는 사람들이 탈출구를 찾기 시작한다. 여기? 여기? 저기? 주변을 둘러보다가 희미하게 밝혀진 비상구 화살표를 발견하고 수많은 사람들이 몰려간다. 몰려간 곳의 탈출구는 작디작은 문 하나. 이 문에 수십만 명이 생존을 위해 발버둥 치고 있다. 개중에는 비싼 방독면을 구비하고 '부자 전용' 비상구를 통해 비교적 쉽게 빠져나가는 사람도 있지만(이들도 탈출구를 찾아 헤맨다는 본질은 똑같다) 대부분은 메케한 연기에 숨을 컥컥거리며 이 작은 탈출구를 빠져나가려고 바둥거린다.

그런데 이건 호들갑이었다. 사실 일어난 불은 큰불이 아니었다. 고작 밑에서 삼겹살 좀 굽는 불에 올라온 하얀 연기가 위층에 있는 수십만 명을 그야말로 '전시 상태'로 만들었다. 작은 문은 공무원 시험 통과, 그에 몰린 사람들은 공시족들, 밑에서 올라오는 연기는 '자본주의적 삶'의 공포다. 그 공포는 어떻게 보면 너무나 무의미하고, 소소할 수도 있다. 그러나 이 작은 연기 하나를 두고 '절체절명의 위기'로 포장하는 '자본주의'라는 체제에, 수많은 사람들이 압사당하고 절망하고 좌절한다.

인류 역사상 인간을 가장 바쁘게 살도록 만든 자본주의는, 또한 인간을 가장 무능력하고 무기력한 존재로도 만들고 있다.

'영어 잘하는 인간', '시험 잘 보는 인간' 외에 어떠한 가치도 인간에게 부여하지 않았고, 그렇게 대다수 인간들을 '잉여'로 만들었기에 오늘도 수많은 재능들이 압사당하고, 무기력해지고, 쓸모없는 존재가 된다. 이 공포감은 체제 유지의 유용한 도구로 사용되고 있다.

체제가 인간을 잡아먹는 몹쓸 놈의 시대에 많은 사람들이 '쓸모없는 인간에서 탈출하기' 위해, '자본주의적 삶의 방식'에 적응하는 용자가 되기 위해 공무원 시험에 도전하고 있다. 그리고 정말 중요한 것은 바로 그 사람들이 그 공포스러운 '경쟁', 즉 현 시대의 과도한 자본주의적 삶의 방식을 회피하고자 공무원 시험에 도전한다는 점이다. 공무원이 되는 것이 자본주의에 가장 순응하는 방식이면서도 자본주의에서 탈출할 유일한 출구 취급을 받게 된 셈이다. 그런데 연기에 쫓겨 간 사람들이 탈출할 수 있는 출구는 너무나 작고, 이 문을 통해 나갈 수 있는 사람도 제한돼 있으며, 슬프게도 이 문은 점점 좁아지고 있다.

이쯤에서 일화 하나. 한 후배 녀석은 졸업 후 다른 직업을 가지고 있다가 공무원 시험에 도전하기 시작했다. 직장에 다닌 지 2년, 결코 짧다고 할 수 없는 시간이시만 이 친구는 주저 없이 사표를 사장 얼굴에 던지고(올레!) 공무원 시험을 준비하기 시작했다. 그렇게 1년, 그녀는 수많은 사람들이 실패했던 그 시험에서 한 번에 성공을 거두었다. 합격한 것이다. 그리고 참 오랜만에 아는 사람들을 초청해 한턱을 냈고, 이 자리에서 술을 함께 나누었다. 그리고 그 술자리에는 몇 년째 공무원 시험에 매진하고 있는 친구들도 있었다.

'묘'한 분위기. 축하 인사를 전하나 축하해 주는 분위기가 아니고, 기쁨을 나누나 어딘가 구슬픈 느낌. 현역 공시족들의 그 모습이란, 마치 전투에서 큰 공을 세우고 돌아온 유신랑을 끌어안던 비담랑의 얼굴이랄까? 승자와 패자의 공존이라는 이질감이 '반가움'이나 '즐거움' 같은 다른 감정들을 압도해 갔고, 술자리 내내 이러한 복잡 미묘한 느낌에 휘감겼다. 늦게 출발했음에도 여유 있게 비상구를 탈출한 그녀는 승리감과 안도감 속에서 매력이 휘몰아치는 자태를 도도히 드러냈고, 불과 몇 달 전까지 '함께 우울'했던 친구들은 더욱 '잉여'스러워졌다. 물론 그녀가 대놓고 "나 이런 사람이야"라며 매력을 드러낸 것은 아니나, 요 작은 집단에서, 아직 20대 중반 정도인 사람들 사이에 계급의 층위가 갈라져 있었다.

상대방의 3·8광땡을 바라보며 자신의 '역전 불가능한 패'를 서글픈 눈으로 쳐다보던 그 자리의 공시족들은 부러운 눈초리로 우월한 그녀를 바라보고, 그녀는 겸연쩍어하면서도 승자의 위엄을 즐겼다. 얼마 전까지만 해도 그들은 같은 사람이었는데, 왠지 다시는 그녀를 만나지 못할 것 같다는 느낌, 그런 느낌이 들었다. 지난 회사에서 월 백여만 원 손에 쥐었고, 앞으로 다닐 회사(동사무소?)에서도 그렇게 큰 액수를 받지는 못하겠지만, 장차 '공무원' 타이틀을 달 그는 그렇게, 우리와 전혀 다른 사람이었다.

그런 그녀가 했던 말 중에 아직도 뇌리에 박혀 있는 말이 있다. 거창한 것 없이 그냥, "아, 이제 끝났지"라는 바로 그 짧디짧은 말. 그녀가 탄식조로 뱉어낸 '끝났다'는 말에는 여러 가지 의미가 담겨 있을 것이나, 그중에는 분명 '더 이상 경쟁을 치르지 않고도 이 세상에서 살아갈 수 있다'는 일종의 안도감이 섞여 있었을 것이다. "살면서 경쟁 안 할 수는 없지만, 아무래도 공무원은 낫지 않겠어? 이제 시험이라면 지긋지긋해"라고 말하는 걸 보니.

공무원 신드롬을 만든 것은 결국 지금의 체제다. 대한민국 20대들이 "단군 이래 최대 스펙"을 가졌음에도, 그 상당수가 이 사회에서 패배자인 이유는 그 빵빵한 스펙을 취득하기 시작했다는 것이 기성세대가 만들어 놓은 체제에 순응하기 시작했다는 말과 등치되기 때문이다. 이러한 세상에서 경쟁에서 비교적 자유로운(가장 인간답게 살 수 있을 것 같은) 직업으로 보이는 공무원에 대한 갈망은 자연스럽다. 물론 대한민국 공무원이 놀고먹는 것은 아니나, 지금 노량진 어느 골목의 창문 없는 고시원 방에서 책과 씨름하는 수많은 20대들에겐 그것이 공무원의 길을 선택한 꽤나 중요한 동기가 되지 않았을까?

그렇게 경쟁을 피하려고 경쟁을 선택한 그들이 '공시족'이란 이름으로 패배자의 삶을 강요받고 있다. 패배를 해도 툭툭 털고 다시 일어설 수 있는 다른 나라들과는 달리 '패배는 곧 죽음'이라는 무시무시한 국훈國訓을 가진 이 나라에서, 어쩌면 이들은 매일매일 생사를 넘나드는 심정으로 살아가고 있는지 모른다. 전쟁과 같은 이 경쟁에서 이기지 못하면 도태된다는 위기감이 그들을 궁지로 몰아넣고 있기 때문이다. 그들은 겁을 먹고 있다.

그런데 사실은 그렇다. 그들이 겁을 내는 희뿌연 연기는 누군가의 삽겹살 굽는 연기에 불과할지도 모른다. 그들이 "불이야"라고 소리 지르며 부채질하는 공포의 실체가 고작 그 정도에 불과할 지도 모른다. 사실 우리는 경쟁을 하지 않고도 사는 방법을 알고 있다. 존중하고 배려하고, 아끼면 된다. 하지만 그렇게 하지 않는다. 타인이 나에게 그렇게 하지 않으니까. 그러니까 내가 먼저 그들을 쳐내야 한다, 내 약점이 들통 나기 전에. 일종의 콤플렉스다.

그럼 그 공포를 부채질한 장본인들은 누구인가? 이 나라, 이 사회가 한몫 한 것은 분명하다. 이 경쟁 콤플렉스에서 벗어나지 못하면, 수십만 공시족은 햇살 찬란한 봄에도 골방을 벗어나지 못할 것이다. 그러니 이제 사회가, 체제가, 국가가 그 젊음들을 책임져야 한다.

어떻게? 그들을 일으켜 세울 수 있는 방법은 여러 가지가 있다. 경쟁에서 패배한 그들을 향해 "괜찮아, 괜찮아"라고 손 내밀어 줄 사회가 필요하다. "여기서부터 다시 시작하면 어떨까?"라고 말해 줄 수 있는 사회가 필요하다. "다른 것 해도 괜찮아"라고 등을 두들겨 줄 수 있는 사회가 필요하다. 그러나 이 사회는 그들을 단순히 "멍청한 놈"이라고 외면해 버린다. 선진국이 되겠다고 큰소리 빵빵 치면서 수많은 재능을 한 곳에 빗자루로 쓸어 담듯 해 버리는 이런 멍청한 사회가 있나.

그들에게 분명한 대안의 삶을 보여 줘야 한다. 그렇다고 이명박 정부하에서 가당키나 한가? 하지만 내가 할 수 있는 것도 아니다. 결국은 이 사회가 해야 한다. '실패'에서 이들을 어떻게 일으켜 세울지, 어떻게 해야 상처 입은 그들에게 엄마미소를 지으며 다가갈 수 있을지 고민하고 실천해야 한다. 사회복지든, 아니면 다른 여러 가지 제도든 정책적으로 충분히 대안적인 삶을 구상할 수 있고, 지금 이 순간 그렇게 사는 나라들이 있다. 설령 그렇게 사는 나라들이 없다고 하더라도 우리가 그렇게 살면 되는 것 아닌가? 이 사회가 사회 구성원들을 진심으로 아낀다면.

마지막으로 몇 가지 힘 빠지는 이야기들을 소개한다.

"아침부터 줄을 서서 도서관에 들어가면 나도 모르게 항상 앉던 자리로 가거든. 그런데 이게 다 똑같아서 다른 사람들도 자기 앉던 데 앉는단 말이야. 그럼 서로 얼굴을 아는 거야. 그럼 고민하게 돼. '이거 인사를 해, 말어?' 그러다 결국은 안 해. 문제는 저 사람도 같은 생각이라는 게 온몸으로 느껴진다는 거야!"

(어느 공시족 2년차의 사소한 고민)

"그냥 아무것도 안 하고 앉아서 책이나 보고 있는데 말이죠. 아, 배가……, 배가 금방 꺼져요. 이거 이상하죠, 난 한 게 없는데 배가 고픈 거예요! 운명의 장난 앞에 번민하다 어쩔 수 없이 일어나서 밥을 먹으러 가요. 그런데 밥을 먹고 오면 졸린 거예요, 오, 지저스Jesus. 그럼 어떡해요, 졸려 죽겠는데 좀 자야죠. 그렇게 한두 시간 자다가 일어나면요. 그럼 배가 고파요! 으악!"

(어느 공시족 1년차의 현실적 고민)

"독서실에서 공부를 하다가 집에 들어오면 1시쯤인데, 평균 잠자리에 드는 시간은 보통 한 새벽 3~4시쯤 되거든. 엄청 피곤한데도 말이야. 이상한 게 말이야, 집에 와서 침대에만 누우면 잠이 안 와. 수면장애인가? 어쨌든 그냥 멍하니 있거나, 결국 TV를 틀지. 재미있는 건 그 시간에 왜 이렇게 많이 하니! 심지어 다큐멘터리 채널도 그렇게 재미있는 거야! 그렇게 TV를 보거나 게임을 하다가 한 3~4시쯤 잠이 드는 거야. 그러고 한 10시쯤 일어나나?"

(어느 공시족 2년차의 억지 고민)

재미있는 에피소드 같지만, 사실 위와 같은 얘기를 들으면 힘이 빠진다. 화자도 청자도 힘이 없는 기묘한 상태, 미래에 대한 불안감이 저런 사소한 대화마저 맥 빠지게 만들어 놓는다. 왜일까? 매일 도서관 앞자리에서 만나는 사람, 그 인연이 오래될수록, 그들은 절망할 것이다. 두 번째 녀석은 인간의 기본적인 본능인 식욕과 수면욕을 채우면서도 '아무것도 한 게 없는 불필요한 인생'이라는 전제를 달고 있으며, 세 번째 녀석은 마음 놓고 취미 활동 하나 하지 못하는 신세다. 그래서 그들의 재미있을 법한 이야기가 다시 기묘한 기분을 만든다.

공시족에게 느껴지는 포스 중 가장 안타까운 부분이 '무기력함'이다. 철근도 씹어 먹을 나이에, 대학 때까지만 해도 충만했던 20대 특유의 경쾌함과 발랄함, 도전적이면서 때로는 건방지기까지 한 그들만의 치명적인 매력, 그런 것이 사라졌다. 그들이 꾸는 꿈 또한 소중한 꿈인데, 언제나 그 꿈에 대해 의심을 거두지 못한다. "이게 맞나?" "다른 애들은 저렇게 열심히 하는데 내가 될까?" "안 되면 어떻게 하나?" "그럼 난 무엇을 해야 하나?" 그들은 꽃피우기도 전에 이미 시들어 버렸다.

그의 이야기

어렸을 땐 무엇이든 할 수 있을 것 같았다. 다들 그렇지 않나? 내가 원하는 대로, 꿈꾸는 대로 살아갈 수 있으리라고, 그렇게들 생각하지 않았던가? 나도 그랬다. 그도, 그들도, 이 글을 보는 당신도 그랬을 것이다. 비록 하루하루 지나갈수록, 조금씩 그 꿈이 오그라들고 쪼그라들지만, 그래도 젊은 날, 앞으로 나는 적어도 비참하게 살지는 않을 것이라는 그런 자신감쯤은 있지 않았던가?

공무원 시험 몇 번 떨어졌다고 인생이 비참해지는 것은 아니다. 그런데 합격한 애들은 "땀은 배반하지 않는다"며, "떨어지는 애들은 이유가 있다"며 그들의 우월감을 한껏 과시하고, 시험에서 떨어진 친구들은 졸지에 능력도 없고, 노력도 안 하는 막장인생이 되어 버렸다. 아직 20대인데, 살아온 날보다 살아갈 날들이 더 많은 이들에게 누가 손가락질하고 '패배자'로 규정 하는가?

호구(가명·29)도 떨어졌다. 세 번이나. 그에 대해 무슨 말이, 어떤 평가가 필요한 것인가? 그저 그의 말 한 번 들어보자. 그래, 이건 그냥 그의 이야기다.

올해 시험 보냐? 이번이 몇 수지? 4수인가?

'수'로 따지면야 그렇지. 2007년에 처음 시험을 봤으니까. 2006년에 동구청에서 아르바이트로 일했고, 2007년에는 학교 다니느라 잠깐 놨고, 정식으로 준비했던 건 2008년부터지.

첫 시험 볼 때 느낌이 어땠는데?

만만한 게 아니구나 싶었지. 시험 보기 전에는 별거 아니려니 생각했다가 막상 시험 보니……. 과목이 여러 가지라, 처음 시험 보니까 과락이 나오더라구. 40점 미만이 과락이야. 우리가 보는 과목 중에 영어랑 국어는 과락이 거의 없는데, 국사나 행정법에서 나오지. 음…… 내가 행정학과인데…….

행정법은 뭐고 행정학은 뭐냐?

행정법은 법학이니 답이 있는 애들이고, 행정학은 답이 없는 애들이지. 행정학은 추상적이라서 과목 스타일이 완전 달라.

네가 행정학 전공했잖아.

전공? 별로 도움 안 돼. 인사행정론 같은 수업은 전반적으로 공부하는 게 아니고 교수가 강조하는 부분에 대해서만 공부하지. 한마디로 대학 수업을 위한 인사행정이지. 물론 공무원 시험에도 일부 나오긴 하지만.

학교 다닐 때 우리 같은 미물들과 달리 1등도 해 보고, 그만큼 공부도 잘했고, 그래서 원래 행정고시 준비했잖아? 그런데 어느 날 7급을 준비하더니, 이제 9급을 준비하는데……. 행정고시는 그렇다 치고 7급과 9급도 그렇게 차이가 나는 건가? 행정학은 다 똑같지 않나?

전혀 다르지는 않아. 어떻게 보면 전공서적의 축소판이지. 행정학에 많은 파트가 있는데, 행정학 개론, 인사행정, 조직론, 지방행정, 재무행정 뭐 이런 거랑 행정철학도 있고. 그런 것들이 이~따만한 책에 담겨 있는데, 행정학 수험서는 그런 걸 요약한 거지. 행정학 수험서를 보면 다 한 번씩은 들었던 거야.

대학에서는 심오한 부분을 묻잖아. 'OO에 관해 논하시오' 뭐 이런. 그런데 공무원 시험은 그런 식이 아니라, 모든 행정 파트를 쭉 늘어놓고 객관식을 내는 거지. 말만 슬쩍 바꿔서 '뭐 한다'를 '안 한다'로 바꾸고, 하나를 추가해서 틀리게 만들어 놓고 뭐 그런 식. 아무래도 내가 행정학과니까 처음에는 행정학을 아는 것 같았는데, 공부할수록 그게 아니더라고. 그래서 내가 입에 달고 살았던 게 "아, 차라리 행시가 낫겠다"였어. 지금 행시는 2차에 논술이 나오거든. 차라리 그게 낫지, 이건 어떻게 공부를 하면 할수록 헷갈려.

자, 이제부터는 아픈 얘기를 좀 해 보자. 시험에서 떨어진 이유, 뭐라고 생각해?

2007년에 처음 시험 보고, 아 이거 만만치 않구나 싶었어. 그래서 학원을 다녔지. 방학 기간을 이용해서 다녔는데······. 내가 떨어진 이유는 심리적인 문제인 것 같아. 주변에서는 "네가 간절하지 않아서다" 뭐 그런 말을 하는데, 그래, 그랬던 것 같아. 그때는 대학교를 마치지도 않았잖아? 내 성격 때문인지 몰라도 대학 공부를 소홀히 할 수가 없더라고. 무엇보다 공무원 시험에 미래가 보장되어 있는 건 아니잖아. 합격과 불합격으로 갈리는데 학교 성적을 내팽개치고 매달리면 죽도 밥도 안 될 수가 있으니까.

그래서 방학반을 다녔던 거야. 이게 두 달 코스인데, 절대 다섯 과목을 두 달 안에 못 끝내. 그러다 대학생들은 개강하면 빠지게 되고. 학교 다니면서 공부한다는 게 쉽지가 않아. 조금만 있으면 중간고사고 기말고사니까. 모딜(친구, 가명·28)은 학교 성적을 포기했지만(학점 방어율 0.98) 나는 그게 안 되더라고.

공무원 시험이란 게 꾸준히 해야 하는 건데 학교 성적도 신경 쓰고 있었으니. 공부하다가 어떤 과목을 하루씩 놓치면 그 과목을 하기가 싫어지더라고, 특히 영어. 그러다 2008년부터 본격적으로 시험 준비를 시작했는데 2008년에도 학교를 다녔으니……. 뭐 똑같은 생활이 반복된 거지. 공무원 공부를 해야 하니까 일부러 절대평가하는 과목을 골라 수강 신청하고 최대한 시간표도 줄였는데……. 그런데 2008년부터 시도별로 시험을 따로 보더라고. 인천은 언제, 경기도는 언제, 그렇게 바뀌었는데 그러면 지방 시험을 세 개 볼 수 있는 거야. 내가 사는 인천, 본적인 전남, 국가직 이렇게. 시험 종류는 무지하게 많은데 국어,

영어, 한국사가 공통이라 그 시험들을 다 보고 다니는 사람도 있지. 점점 경쟁만 빡세지는 거야.

하여튼 나는 2008년까지만 해도 일반행정직에 올인했거든. 그때만 해도 자신감이 있었던 거지, 아니 자만한 거지. "조금만 하면 되겠지" 했으니까. 그래, 그것도 어쩌면 내 핑계일지 몰라. 학교 다니면서 고시 패스하는 놈들도 있는데 뭐. 이상하게 영어 공부하기 싫었고 학교 성적에 부담감도 있었고. 3.5를 만들고 졸업하리라는 생각을 했으니 말이지. 2008년 마지막 학기까지 학교 공부를 해서 결국 3.5를 만들긴 했어. 그러고는 학교 종강하는 시점에 맞춰 단과를 듣고 문제풀이 듣고 그러면서 2009년을 준비했어.

근데 결국 2009년에도 안 되고, 소위 장수생이 되었는데.

2009년에 국가직 시험을 봤는데 점수가 꽤 나온 거야. 그래서 지방직에서 해 볼 만하겠다는 생각을 해서 지방직 시험을 봤지. 그런데 이런 개나리 십장생, 영어를 개판 치면서 결국 평균 80점이 나왔는데 합격이 85점인거야. 어떻게 보면 복불복이야. 나는 시험에서 어느 과목을 보든 최소 80점은 유지하는 레벨이니까.

그런데 영어가 수능 시험 식으로 나오니까, 어떤 사람들은 올인해서 6개월 안에 영어는 끝냈다는데, 난 왜 영어가 안 되는지……. 2000년대 초반부터 그렇게 과목 하나 때문에 떨어진 애들이 있어. 장수가 시작된 거지. 그리고 장수하는 애들이 있으면 합격선이 올라간단 말이야.

요새 통하는 말이 '오래 공부하면 붙는다'야. 점점 더 협소한 문제가 나오니까, 오래 공부하면 유리하다는 거지. 그렇게 추세가 변해 가. 이명박 정권 들어선 이후 합격선이 점점 더 높아져. 지난번에 필기를 90.7점 받았는데 합격선이 94.1점 나온 거야. 이거 되었다 싶었는데 많이 실망했지.

시험 떨어질 때, 그때 기분이랄까? 어땠어?

당연히 실망스럽지, 공부하다 보면 왠지 모를 자신감이 생겨. 많이 안다는 오만함이지. 그런데 막상 시험 보면 점수가 그만큼 안 나오는 거야. 나 자신에게 굉장히 실망했지. 엄청 혼란스러운 시기였어. 계속 이것만 준비했고 시험을 계속 쳐 왔는데, 계속 떨어져 그때마다 실망하고. 3년 이상 준비하면 달관하기도 하지만, 좀 병 뜨게 돼. 정체성의 위기가 오는 거지, 내가 이걸 계속 해야 하나? 뭐 이런. 그

다음부터 일자리를 찾기 시작했어. 작년 초에 결혼하고 나서 닥친 생계적 문제도 컸지. 집에 있으면 폐인밖에 안 돼. 똑같은 책, 공부, 일상의 반복……. 힘들거든.

그런데 문제는 시험에 떨어지고 그렇게 폐인이 되는 것, 그게 다 그 자신의 문제, 너의 문제로 치환되는 거잖아? 이게 단순히 '니가 부족했기 때문'만은 아닐 텐데, 그런 얘기를 들으면 억울할 것 같기도 하고. 나도 옆에서 봐 왔지만 니가 공부를 안 해서 떨어졌다고 말할 수도 없는 거 아냐.

그런데 결과적으론 그래. 나도 처음에 그런 얘기를 거부했거든. '난 할 만큼 했다' 그렇게 생각했는데, 나중에는 '아, 내가 부족하구나' 뭐 그렇게 수용하게 돼. 그런데 다시 공부를 하면 또 똑같은 과정을 밟는 거야, 해 오던 공부가 있으니까.
처음에는 거부한다 했잖아. 거부를 어떻게 하냐면, '문제가 이상하다'로 시작하는 거야. 모든 수험생들이 다 그래. '국사 문제 왜 이래?' 뭐 이런 식. 근데 그것도 꼭 틀린 건 아냐. 2008년 시험이었던가? MB 정부 들어온 다음에 한 국사 문제에 이런 문제가 나왔어. '18세기 영조의 업적이 아닌 것은?' 그게 책에 없는 내용이거든. 1~4번의 지문 중 탕평책인가 하나만 책에 있는 내용이야. 어쨌든 거기서 나온 보기 중 하나가 뭐였는지 알아? '청계천 준설'이야. (- 헉, 그게 정답이군.) 응. 그래서 나 맞았어. 그런데 그거 틀린 애들 은근히 많다. '설마 이거겠어?' 했던 거지. 그런 문제들 꼭 있다니까. 정치적인 내용을 반영한 문제가 꼭 있어, 어느 과목이든. 아마 2011년 시험에는 4대강이 나오지 않을까? 크크······.

그 다음엔 이제 자기 스스로 받아들이게 되는 건가?

어쨌든 내가 시험을 못 본 거 아냐? 그러니까 그게 좌절과 희망의 반복이야. 예전에는 '하면 된다'가 통했어. 학원에서 핵심 포인트를 공부해서, 1년에서 1년6개월 만에 합격하는 애들이 많았거든. 그래서 공부하면 된다는 말은 분명히 맞는 얘기였어. 이런 걸 믿으면서 학원을 추종하다시피 하는 거지. 학원에서 사는 애들 많아. 진짜 많아. 학원은 희망을 주거든. '나 다음에 되겠구나' 싶어. 다 자기 학원에서 자기를 합격하게 해 줄 것 같은 기분이 들어. 그런데 시험은 현실이야. 내가 2008년 말에 단과학원을 다녔는데, 내 학원에서 시험 붙은 애? 하나도 없이 다 떨어졌어. 그런데 학원은 정기 모의고사에서 합격할 성적을 낸 애들까지 합격자라고 올리는 거야.

성과도 없이 선전만 죽어라 하는구만. 사기 아냐?

응, 그래도 학원이 필요하긴 해.

그런데 학원을 다니면서 아예 거기서 사는 애들에 비해 너는 돈 문제 때문에 학원을 무턱대고 다닐 수는 없는 처지고……. 불안하지 않아?

스트레스야, 진짜. 애들 아침 6시부터 학원에 나와 있어. 노량진은 특히 더해. 앞자리 차지하려고 오픈 두 시간 전부터 줄 쫙 서 있거든. 심지어 학원 측에서 '그러지 말고 30분 전에 와서 줄을 서라'고 권고할 정도란 말이야. 그나마 인천은 덜한 편이지.

노량진하고 다른 데가 차이가 많이 나나?

노량진 커리큘럼이 확실히 차이가 나. 그리고 인천은 선생을 선택할 수 없는데, 노량진은 무지 많아. 가격은 노량진이 20퍼센트 정도 비싸다고 보면 돼. 그런데 그 가치는 하는 게, 노량진 본원은 국어만 해도 선생이 네다섯 명이 있어. 인천 사람들이 두세 시간 버리면서도 왔다갔다 하는 건 다 이유가 있지. 단가가 좀 비싸다손 치더라도, 어떻게 보면 공무원 학원이 다른 입시 학원에 비하면 싼 편이니까. 모든 과목을 들을 수 있는 1년짜리 정기회원권이란 게 있어. 인천은 그게 120만 원선인데 노량진은 150이 넘을 거야. 그럼 한 달에 12~13만 원? 그 정도면 매우 싼 거지.

시험 트렌드는 매년 바뀌거든. 수능 트렌드 바뀌듯이. 그걸 이해하려면 학원이 필요해. 분석과 커리큘럼이 있으니까. 내가 그걸 분석할 수는 없잖아. 만약 1년 회원권 끊어서 꾸준히 다니면, 그럼 걔는 합격해. 근데 사람이라는 게 1년 다니면서 친한 사람 생기면 제대로 안 듣게 되거든. 꼭 그렇더라고. 그런데 초심 유지하면서 학원에서 살면 최대한 잡아도 3년 내에 될 수밖에 없어. 학원에서 그렇게 만들거든. 그래도 안 되면 걔는 공부 진짜 안 한 거야.

언제부턴가 공무원이 '유행'이 되었는데, 사실 니는 그 시류에 편승했다기보다 예전부터 꿈꿔 왔잖아. 다만 그것을 준비하는 강도가 상황과 조건에 따라 달라진 거 같은데,

지금 보면 이 시험에 너무 많은 사람들이 달려들고, 그런 친구들이 학원에서 몇 달 살다시피 공부하는 반면 계속 이 생활을 꿈꿔 왔던 너는 생계 때문에 오히려 그렇게 몇 달씩 매달릴 수는 없고. 너처럼 그게 원래 장래희망이었던 사람들과 절망의 끝에서 어쩔 수 없는 선택을 한 사람들이 이 시험에 공존하는데, 이게 완전 아비규환 같거든.

뭐 그거야, 지금은 체념을 했지. 내가 처음 공무원 할 생각 가졌던 게 중학교 때야. 처음에는 행정고시를 하려고 했고, 대학 입학할 때도 그걸 염두에 둬서 과를 선택했고. 그래서 의욕적으로 책도 사고 했는데 중학교 지나고 IMF 터지면서 공무원 붐이 일었던 거야. 끽해야 30대 1이었는데 갑자기 100대 1, 200대 1이 된 거지. 죄다 공무원 하겠다고 밀려들고……. 그 사람들에게 그건 생계였던 거야. 안정적인 직장을 찾으려는. 그런데 나에게는 비전이었던 거고. 사실 이렇게 된 상황을 굉장히 원망했던 적도 있었어. 어쨌든 나는 긍정적인 놈이라, 처음에 공부 시작할 때는 개네들이랑 나랑 같겠냐는 생각을 갖고 있었어. 그런데 결과는 걔들이 붙는 거야. 돈 투자해서 학원에서 죽은 듯이 사니까.
그래서 내가 지금까지도 이 시험을 완전히 버리질 못해.

일을 하고 있지만 내 꿈을 버리진 못하고 있는 거야. 지금은 공부도 못하고 있거든. 일하면서는 못하겠더라고. 퇴근하면 7시 반, 8시고 저녁 먹으면 9시야. 공부를 못하겠어. 집사람은 아예 접으라고 하는데 나는 접지를 못하겠어. 꿈이니까. 공직이 꿈이니까. 공부는 하지도 못하면서, 내가 하고 싶으니까. 그래서 또 시험 접수를 하고, 시험을 보고……. 지난번 시험도 봤거든. 다다음주 시험도 볼 거야, 화성까지 가서. 군무원 시험도 접수했어. 대전 가서 볼 거야. 나름대로 생각한 게, 지방직은 영어가 있으니까 접고 감만 유지해서 군무원에 올인하려는 거야. 꿈을 버리기 쉽지 않은 거지. 계속 낮췄잖아. 7급 보려다가, 9급으로 다운되고. 그래도 못 버리고 있는 거야. 나는 어느 정도 레벨에 올라섰다고 생각하고 있고, 50퍼센트는 운이라고 보거든.

오버스러울 수 있는 질문인데, 이 시험을 꿈이나 희망으로 접근하는 사람들도 있지만 거의 대부분이 생계수단으로 접근하는 거잖아? 그런데 이 공직이라는 것이 어느 정도 그 일에 대한 의지나 신념을 갖고 들어가야 하는 건데, 이게 점점 단순하게 접근되고 입시 선발 제도 자체에 모순이 있다 보니 어렵게 시험을 치고 들어가더라도 공무원의 역량은 역으로 떨어질 수도 있고. 그만큼 갈수록 공직 자체는 존경받지 못하고 사회적으로 무시될 수도 있을 것 같은데. 어쨌든 이 시험을 자신의 꿈이라기보다 생계수단의 한 방식으로, 그렇게 밀려서 들어온 친구들에게 하고 싶은 말이 있나?

할 말이 있지. 뭐냐면 걔네들은 안정적인 직장, 그거 하나 보고 하는 거 아냐. 근데 공무원, 아직도 박봉이야. 정말 박봉이야. 그럼에도 생계수단으로써 안정적 직장, 정년보장 보고 들어오는 거 아냐. 집사람이 공무원이라 얘기를 들어 보면 그런 친구들은 일하는 태도가 다르대. 기본적으로 '같은 시험 보고 들어왔는데 니가 나한테 왜 이러냐'는 생각이 깔려 있다고 하더라고. 심한 꼴통도 있고. 그런데 윗사람도 제대로 뭐라고 하지를 못하는 거야. 그런 패턴이 계속되다 보니까 공직 사회가 안일해지고, 문제가 많이 생기는 거지.

걔네들은 먹고살면 되는 거거든. 우리 집사람이, 이런 말 하면 자랑이라고 할지 모르겠지만 일 잘하고 인정받는 직원이야. 근데 그 사람 동기 중에서도 진짜 일하기 싫어하고 안 하는 사람이 있대. 그런데 똑같이 승진되는 거야. 실수를 하지 않는 이상, 뇌물 받지 않는 이상 징계도 없고. 그러니까 근무 태도가 다른 거야. 아예 생각이 다른 거더라고. 물론 생계수단으로 시험에 합격한 다음에도 열심히 하는 사람들이 훨씬 더 많을 거야. 하지만 "아, 시험 합격했다. 이제 나 출근한다. 누구도 날 자르지 못해, 난 철밥통이야" 이런 생각으로 안일하게 사는 사람들도 많지. 사기업에 그런 사람이 1퍼센트라면 공무원은 10퍼센트 이상이야. 그래도 결국 안 잘리니까. 실무수습이란 제도가 생겼는데 그게 그런 사람들을 거르기 위해 만들어진 거야. 제도까지 만들어질 정도라는 거지. 그런데 실무수습? 그건 그냥 전화받기 바빠!

 # 저임금의 늪에서

취업 포털에 낚이다

20대들이 가장 많이 들어가는 홈페이지는 어디일까? 물론 사람마다 취향이나 관심 분야가 다를 테니, 어느 한 곳을 집어 말하기는 어렵다. 그렇지만 이 사이트만큼은 20대들이 공통적으로 가장 많이 들어가는 사이트 중 하나일 것이다. 바로 '잡코리아' 같은 구직 사이트다. 한 친구는 이곳에 "하루에 열두 번도 더 들어간다"고 말했다. 잡코리아, 인쿠르트, 사람인 같은 종합 포털은 물론, 관심 있는 전문직 분야만을 한정해 모집하는 사이트까지, 그 종류가 많기도 많아졌다.

이 사이트에는 셀 수조차 없는 수많은 기업들이 엄마 기다리는 제비마냥 입을 벌리고 '사람 구한다'고 떠벌리고 있다. 이 수많은 기업들의 유혹에 20대 백수는 물론, 직장을 다니고 있는 사람들까지 거의 매일 들락거리며 '어디 날 찾는 곳 없소'를 부르짖고 있다. 하지만 취업 포털을 몇 분 정도만 돌아다니다 보면 곧 깨닫게 되는 사실이 있다. 저 많고 많은 기업들이, 분노의 클릭질을 해 대는 당신을 향해 '응, 널 찾는 곳은 없소'라고 말하는 것을.

그리고 절망한다. 이곳에 있는 수많은 기업들은 딱 두 가지 종류로 나뉘는 것을 느끼면서. 그것은 바로 '내가 갈 수 없는 곳'과 '내가 가기 싫은 곳'이다.

내가 갈 수 없는 곳은 역시 이른바 '대기업'이다. 어느 포털이나 늘 눈에 띄는 메인 화면에 대기업 공채 소식이 올라오는데, 솔직히 이력서 낼 엄두조차 나지 않는다. '또 하나의 가족'이라고 주장하는 기업은 "너 따위가 어딜 감히"라고 말하는 듯하고, 그동안 "그래 저 정도만 들어가도 먹고살 만하겠지"라 생각해 왔던 기업들조차 그 벽이 참 높기도 높다. 결국 이력서 한 장 달랑 들고 몇 시간 취업사이트를 방황한 뒤 손에 쥐는 것은 '무기력' 정도. 저렇게 수많은 회사들이 온화한 엄마미소를 머금고 우리를 바라보고 있지만, 결국 그 온화함 뒤에 숨겨진 것들은 '절망'이란 두 글자로 표현하기도 모자라디. 암만 생각해 봐도, 20대 내에 딸 수 없을 것 같은 그런 기준을 버젓이 공채 기준으로 삼는 것도 슬프지만, 분명 저 회사에 들어가는 놈들

(즉 20대에 그 모든 스펙을 취득한!)이 있다는 것이 더 슬프다.

뭐 물론, 내가 대학 다닐 때 도서관에 틀어박혀 공부만 하고 있지는 않았고 술도 좀 먹고 다녔으나, 집에 손 벌리기 싫어 아르바이트까지 해 가며 나름 성실하게 살아온 인생이거늘, "그동안 뭐하셨어요? 이 정도도 없으면 빨리 죽으세요"라고 말하는 듯한 대기업 공채 기준이 나열된 취업 포털에 들어가면 내 인생이 그렇게 허망하고 무력할 수 없다. 그러고 보면 저기 붙어 있는 기업들은 사장도 다르고 말단 사원까지 다른, 각각 다른 기업임이 분명한데, 이건 뭐 인사담당자만은 같은 사람인지, 희한하게도 '스펙'을 핵심 기준으로 내세우는 것은 모두 똑같다. 그게 아니라면 혹시 '지원 자격 만들기'를 똑같은 외주업체에 주는 것인가? 어쨌든, 이 기업들이 요구하는 기준은 이렇다.

① 초대졸·대졸(그래도 연령, 성별제한이 철폐되고 있는 것은 다행이라 해야 하나)

② 대학 학점 3.0/4.5 이상(우리는 안다. 대학생들이 요새 공부를 얼마나 열심히 하는지. 4.0도 넘치고 넘치는 세상에 나 같은 3.4 따위가 용기가 나겠는가, 최소 기준과 합격 기준은 엄연히 다른데. 최소 사양으로 게임해 본 사람들은 알 것이다. 그게 얼마나 힘든지.)

③ 공인어학점수 토익TOEIC 700 이상(가끔 800 이상을 요구하기도), 토플TOEFL(CBT/IBT) 210/77, 텝스TEPS 634, HSK 7급 이상인 자(심지어, 난 이것들 중 일부는 뭔지도 모른다)

재미있는 게, 이런 조건을 '지원 자격'에 포함시키는 기업들은 항상 구인화면 상단에 "창의력 있는 인재들을 모집합니다" "젊음의 도전, 당신을 기다립니다" 따위의 글을 넣는다는 것이다. 인간을 수치나 점수로 바꿔 뽑는 집단에서 창의력을 운운하는 놀라운 '창의력'. 토익 점수도 별로 안 나오고 대학 생활 신나게 하느라 학점도 그렇게 높지는 않은 나 같은 놈은 저런 말 덕분에 도전 정신도, 창의력도 없는 놈이 되어 버렸다. 도전하는 젊음과 창의력은 대학에서 4.0 이상의 점수를 받고 영어 달달 외워서 토익 700~800점을 맞아야만 증명되는 것인가?

'토익'도 그렇다. 굳이 영어가 필요하지 않은 직종에도 영어를 기준으로 삼는 이유는 무엇인지? 단지 창의력 있는 사람을 구하는 것이 아닌, 영어를 쓰는 사람 중 창의력 있는 인재를 구하는 것이라면 아예 "영어 잘하는 여러분들의 도전을 기다립니다."라고 하든지. 길 가다 넘어지면 "아야"가 아니라 "Oooops" 정도는 해 줘야 창의력 있는 인재란 말인가? 그리고 나는 이 글을 쓰면서 왜 스스로 영어 못하는 자의 자기합리화라고 느껴야 하느냔 말이다!

'어쩔 수 없다'고 넘어가기에는 또 다른 문제가 있다. 전공 과목도 아닌, 토익이라는 부차적인 과목을 공부하기 위해서는 또 그놈의 '돈'이란 녀석이 필요하다. 다음은 매일같이 아르바이트에 공부까지 병행하는 한 친구의 말이다.

"사실 토익에 매달리기도 힘들어. 난 알바 해서 대학등록금도 모아야 하고 용돈도 벌어야 하거든. 토익 하나 보는 데 얼만 줄 알아? 3만 9천 원이잖아. 그걸 한 번만 보겠어? 거의 매달 보니까 매달 이 돈을 내야 하는데, 나같이 알바 하는 놈들에게는 좀 부담스러운 액수지. 그런데 것도 시험 응시료만 따지면 그렇다는 거고, 책도 사야지, 학원도 다녀야지……. 진짜 돈 없으면 토익 공부 못해. 물론 혼자 공부하면 되지 않냐고 할 수도 있겠지. 그런데 다른 애들은 학원에서 토익 '공식'을 배우고 다니는데, 난 무슨 용가리 통뼈라고 혼자 공부하겠냐? 나처럼 바보 같은 애들은 학원 안 다니면 불안해 죽겠거든."

자, 이제 이렇게 비인간적인 스펙을 요구하는 반인류 기업들은 배제하고, 그래도 어느 정도 우리가 갈 수 있을 만한 곳을 찾아보면, 사실 '가고 싶지 않다'고 느껴지는 경우가 많다. 그 원인은 크게 두 개로 나뉜다. 대부분이 저임금 정규직, 혹은 비정규직이라는 것. 즉, 이 나라에서는 이 직종으로 적어도 '행복하게' 살 자신이 없다는 게 문제다.

취업 포털의 저임금 정규직은 보통 '급여=상담 후 결정'인 경우가 많은데, 대체로 최저임금부터 약 150만 원 정도의 일자리가 주류를 이룬다. 20대가 졸업 후 취업을 할 때 자신의 조건에 회사의 레벨을 맞춰가다 보면, 아무래도 '아, 내가 이런 일을 하게 될 줄은 몰랐네'라는 생각이 드는 회사가 대부분이고, 그러다 보니 이 회사에서 어떤 일을 하게 되는지조차 알지 못하는 경우가 많다.

이렇게 되면 보통 '아무래도 지금은 대기업에 가기 어려우니, 이곳에서 2~3년 정도 일하면서 공부를 좀 더 해 '좋은 곳'에 가련다'고 생각하게 된다. 따라서 구직자도, 채용자도 만족하지 못하는 경우가 많다(사실 일하면서 공부하는 것도 실제로는 어렵다).

더 큰 문제는 대다수를 차지하는 '비정규직' 일자리인데, 취업 포털을 채우는 비정규직 중 가장 많은 직종 중 하나는 아마 '텔레마케터'일 것이다. "월 350 보장"이라며 굶주린 하이에나들을 대놓고 유혹하는 배너들이 이에 해당하는데, '350'이라는 경외감 드는 수치에 숭배의 마음이 들어 '혹'하는 사람들도 꽤 있다. 하지만 유념해야 한다. 이들이 왜 저렇게 고액 급여를 내세우고도 사람을 구하지 못해 상시채용을 하는지.

여담이지만 나 역시 텔레마케터 아르바이트를 한 적이 있다. 당시 첫 미팅에서 '교육팀장'이라는 분들이 새로 온 사람들에게 교육을 시작하며 "너무 부담 갖지 말고, 하루 열 건 정도(!)만 해낸다는 기분으로 오늘도 파이팅"이라고 말했다. 하지만, 전화 설득의 달인이 아니면 사실상 달성 불가능한 수치다. 취업공고 배너에서는 "성과와 상관없이 드린다"는 말이 있지만, 거의 사기에 가까운 수준이다. 실적도 없는데 350만 원을 줄 턱이 없지 않은가?(물론 텔레마케터라는 전쟁터에서도 살아남는 사람들이 있다. 나 같은 경우야 전화를 걸자마자 "저 초면에 죄송하지만……"이라며, 자신감 제로로 시작하니 도태되는 것이 당연하나 몇몇 사람들은 정말 이 일을 잘하는 사람이 있다.)

또 하나, 취업 포털에 도사리고 있는 비정규직의 형태는 '용역'이다. 보통 원청업체의 이름과 근무조건을 내세우면서 구직자들을 혼돈에 빠뜨리고 있다. 이젠 중소기업도 용역을 쓰는 판국이라, 꽤 많은 20대 구직자들이 혼란을 겪는다. 보통 직접 고용을 생각하고 회사에 이력서를 넣지만, 그 회사 위치와 상관없는 곳으로 면접을 보러 오라는 얘기를 들으면서 '아, 이건 아니구나'라는 생각을 하게 된다. 이 용역업체들은 노동자들을 원청에서 정규직과 똑같은 일을 하게 하면서도 자신의 노동자라는 이유로 그 월급 일부를 합법적으로 '갈취'하는, 일종의 기생충 비슷한 것이다.

왜 기업들이 스스로 고용을 하지 않고 이들에게 고용을 맡기는가 하니, 아무래도 해고와 고용이 쉽고 법적으로 자기들에게 아무런 피해가 가지 않기 때문이다. 즉 용역 노동자들 부려 먹어도 그들이 노조 만들어서 대들 일도 없고, 맘껏 쓰다가 필요 없어지면 쉽게 버리면 그만이다. 자본가들로서는 이런 큰 장점이 있기 때문에 용역을 쓰는 것이다(그러나 이들은 자본주의의 중요한 원리 중 하나인 '생산성'에 대한 개념을 상실하고 있다).

결론은 취업 포털을 아무리 돌아다녀 봐야, 갈 수 없어 절망하거나 비정규직으로 사기 맞아 절망하거나 둘 중 하나다. 더불어 이 사이트들은 급여와 업무에 대한 정확하지 않은 정보들을 제시하는 경우가 많다. 그나마 첫 화면에 화려한 배너들로 나열된 회사들은 그러한 정보가 정확한 편인데, 이런 회사들은 물론 그만큼 광고비를 낼 수 있는 대기업들이다. 즉 첫 페이지를 보면서 '갈 수 없구나!'라는 절망감을, 페이지를 넘겨가면서 '이런 곳에 가야 하나'라는 절망감을 느끼게 만드는 곳이 취업 포털이다. 물론 이 포털 덕에 구직자들은 예전보다야 쉽게 일자리를 구하고, 회사는 쉽게 직원을 구하게 되는 '상호부조'의 기능이 있을런지도 모르겠다. 그러나 '스펙 좋은 분'은 사이트 초기 화면에서 놀게 하고, '아무것도 없는 놈'은 숨막히게 하는 이 사이트는 상호부조보다는 '돈벌이'라는 자본주의 논리가 숨어 있다.

이곳에 나열된 기업 하나하나를 보고 있자니, 마치 대졸이 아니라면, 토익 점수가 미미하다면, 외국어 하나 못한다면 그야말로 쓸데없는 인간이라는 자괴감에 쉽게 노출된다. 마치 저 지원 기준들이 인간으로서 갖춰야 할 최저 기준선인 것처럼, 그 최저 기준에도 못 미치면서 클릭질만 해 대는 너는, 인간도

아닌 것처럼.

20대들이 사회에 첫발을 내딛기 전 통과하는 취업 포털. 그들에게 자신의 꿈이 무엇인지, 어떤 직종이 맞는지 도움을 주기보다는 화려한 급여 기준으로 군침을 흘리게 만드는 취업 포털. 오늘도 수백만의 20대들은 이곳에서 자신의 스펙을 점검하고 좌절한다. 이렇게 그들은 사회에 첫발을 디딘다.

나는 영어가 싫어요

내 평생 영어를 부여잡고 있던 시간만 한 번 계산해 보자. 중학교, 일주일에 45분씩 4회, 방학 제외 약 40주. 고등학교, 일주일에 8회(보충까지) 40주. 대학교 영어 교육 6학점(최소한만 들었음), 일주일에 1회, 1년 반 강의 2시간 약 105주. 그리고 사회 나와서 나름대로 매일매일 했던 영어 공부까지 합하면? 연애도 하고 운동도 좀 해야 할 내 소중한 인생에 이 '영어'란 놈 혼자 잡아먹은 시간만 해도 계산 불가. 어마어마하다. 그런데도 내가 처음 받은 토익 점수는, 그야말로 안구에 습기 찰 정도. 더 웃긴 것은 '혹여나 다시 한 번 시험을 본다면 이 점수조차 넘지 못하는 건 아닐까'라는 두려움. 나는 오늘도 토익을 공부하면서도 토익 시험은 보지 못하고 있다. 이 정도면 울렁증을 넘어 진정한 공포다.

누구는 문제집에서 정해 주는 코스만 따라가면 '3개월 완성'으로 900점은 넘는다는데, 대체 영어 잘하는 이들의 정체는 무엇인가? 미국인인가?(그도 아닌 것 같다. 영어 원어민 강사를 하고 있는 아일랜드의 동갑내기 친구는 우리나라 토익이 왜 이렇게 어렵냐며 짜증 냈다.) 아니, 남들 잘하는 건 둘째 치고, 아무리 노력을 해 봐도 도통 영어가 늘지 않는 나의 정체는 무엇이냔 말이다. 굳이 자기변명을 해 보자면, 나는 사실 어학에 소질이 없다. "열심히 하지 않았다"는 당위성을 맞받아칠 수 있는 궁색한 논리는 이것뿐이다. 똑같은 단어를 달달달 외워도 하루만 지나면 또 처음 뵙는 단어다. 저 단어는 나에게 방긋 웃으며 인사하는데 난 초면이라 어쩔 줄 몰라 하는 애매한 상황이다. 오늘 다시 인사해도 내일이면, 또 우린 생판 남남일 것이다.

'다양성의 시대'에 개인의 소질과 적성과는 상관없이 단지 영어 하나가 고소득 정규직이 되기 위한 척도로 자리 잡은 대한민국 사회에서, 내가 아무리 자기합리화 해 봤자 눈앞에 있는 현실은 이거 완전 젠장이다. "다양성은 어디에 있냐"고 항명해 봐야 소용없다. 외국어는 다양하니까. 중국어, 일본어, 인도어, 아랍어……. 그야말로 '외국어'의 시대, 그것도 '점수'로 관철되는 어학. '글로벌 코리아'는 결국 '토익 코리아' 그리고 '어학 코리아'다.

그래, 아무리 주저리주저리 투덜거려 봐야 저임금 정규직의 삶을 살아가는 한 마리 '어학 패배자'의 푸념일 뿐, 앞으로도 내가 이 어힉의 그늘에서 벗어날 출구는 없다. 소질이 없다고 지껄이면서도 난 아직도 토익 책을 펴고 영어 공부를 하고 있지 않은가! 이건 나의 문제도 영어 잘하는 사람들의 문제도 아니다. 핵심은 '20대 생태계'에서 영어(내지는 외국어)가 먹이사슬의 선을 가르는 절대적인, 혹은 유일한 기준이 되었다는 점이다.

생태계의 강자로 올라서기 위한 20대들의 몸부림에 영어는 필수다. 집에 토익 책 한 권 없는 20대를 본 적이 있던가? 이렇게 모든 20대가 영어에 매달리니 영어 점수는 오르고 시험은 더 어려워지고, 도전은 다시 거세진다. 영어는 '점수를 따기 위한' 수단이 되고, 운전면허 시험처럼 정해진 공식과 틀이 제공된다. 이러다 보니, 토익 점수가 높은 사람이라 해도, 회화 실력이 우수하다고 장담할 수 없다. '응용'을 못해도 '공식'만 안다면 토익 점수는 어느 정도 나온다고 하기 때문이다(그러나 난 공식은 쉽게 익혀도 막상 토익 문제를 보면 전혀 모르겠다!). 요즘에는 '말하기 면접'을 보는 기업들이 많아졌지만 이마저도 '영어 면접 잘 보는 법'을 알려준다는 책이 서전에 전시되어 있다. 뭐든지 일단 공식을 도출해 내는 우리나라는 정말 좋은 나라다.

대학 다닐 때 떠났던 유럽 배낭여행 당시 '영어 좀 한다'는

20대 한국 남자를 만난 일이 있다. 그와 여행에 대한 정보를 나누던 중 영어 이야기가 나왔고, '토익에 꽤나 자신 있었다'는 그에게 나는 은은한 존경과 찬사어린 눈빛을, 입으로는 부러움의 따발총을 쏘아댔다. 그런데 그런 그가 머리털 나고 처음으로 이역만리 낯선 외국 땅에 내렸을 당시, 공항 입국심사에서 차마 입이 떨어지지 않아 울 뻔 했단다. 그 얘기를 들으며, '아! 나나 쟤나' 란 생각에 영어에 대한 허무감이 느껴지기도 했다.

그 사람은 누군가 "하와유"라며 말을 걸어올 때, "파인 땡큐 앤유?"를 외치지 않으면 그가 날 목 졸라 죽일 것 같은 기분이 들었다며, 그렇게 10년 넘게 깨알같이 공부했음에도 결국, 외국에서 3일 만에 트인 귀와 입이 더 효율적이라고 말했다.

그런데, 이젠 이것도 옛이야기다. 이런 상황이 뉴스에도 나오는 '너무나 뻔한 이야기'가 되어 버리자, 영어 실력을 차별화하여 '남들과 다른', 좀 더 취업에 유리한 스펙을 만들고자 하는 '고급화 전략'이 튀어나오기 시작한다. '어학연수'라는 개념이 생긴 것이다. 등록금도 혼자 댄 적 없는(사실 우리나라에서 댈 수도 없는) 친구들이 영어 공부하려고 이역만리 타국으로 떠나는 거다.

수많은 선배들 중 어학연수를 다녀온 사람은 한두 명에 불과했는데, 몇 안 되는 후배들 중에서는 열 명 가까이 떠났다는 말을 들었다. 이들은 필리핀으로, 영국으로, 미국으로, 호주로,

캐나다로, 영어를 쓰는 곳이라면 파주 영어마을을 제외한 어디라도 날아간다. 그곳에서 원서 몇 권 양손에 쥐고 도도하게 걸으며, 멋진 경치를 배경 삼아 찍은 셀카를 미니홈피에 날려대며 '알아? 나 유학생이야'라는 자태를 뽐내고 다녔다. 토익 책보다 더욱 비싸고, 그만큼 더욱 고급스러워진 이 방법은 들불처럼 유행하고 있다. 이제 우리 부모님들은 토익을 넘어 "내 자식이 어학연수를 가지 못해, 삼성전자 영어면접에서 제대로 답을 못하면 어쩌지"란 근심과 걱정을 안고 살아간다.

　부모님들은 자신의 인생이 불안정한 상황에서도 수백, 수천만 원을 '투자'하여 아이들을 떠나보내고 스스로 '기러기'가 된다. 그리고 아이들은 그곳에서 "세계인은 나 빼고 친구"임을 느끼며, 외로움을 달래 줄, 함께 타향살이 하는 한국 친구들과 어울린다. 물론 열심히 하는 친구들도 있지만.

　A 역시 캐나다 어학연수를 6개월 정도 다녀왔다. 부모님께 연수 가겠다고 하자, 부모님은 고민 끝에 '하나밖에 없는 자식놈 제대로 밀어주기' 위해 굳은 결심으로 그를 이역만리 외국에 보냈다 한다. 단순히 입을 떼기 위해 간 학교에는 다행히(?) 몇 명의 한국 친구들이 있었다. 그는 그들과 함께 어울리며 그 동네 유치원에서 가르친다는 영어 교육을 받고 한갓지고 여유롭게 생활하다 왔다. 나는 '어학'을 배우러 캐나다를 다녀왔다는 그에게, "그래, 캐나다는 조사의 용법이 어떻게 되던가"란

질문이 차마 나오지 않아 고작 "거기 멋져?"란 질문을 날려댔고, 그 역시 "록키산맥이 죽이더라"며, "또 한 번 가고 싶다"고 호들갑을 떨었다. 하지만 딱히 거기서 무엇을 배워 왔는지, 어떤 일을 했는지 말을 하진 않았다.

물론 다녀오는 사이에 안구 정화도 하고, 세계가 참 오라지게 넓다는 진리도 깨달으며, 영어 실력도 일취월장 했을런지는 모르겠다. 근데 그렇게 넓은 세계에 다녀온 후 "여기서 뭐 할 거야?"란 질문에 "취업해야지"라고 답하는 그를 보면, 6개월 동안 소요되었다는 천만 원 넘는 금액이 아깝다는 느낌이 조금, 아주 조금(어차피 내 돈은 아니니까) 들기도 했다.

한국의 기업들은 무엇을 위해 영어를 요구하는가? '어학'이 필요한 것은 통역관, 번역가, 외교관, 대외무역, 관광 정도 아닌가? 대체 우리나라 9급 공무원을 뽑는데 왜 영어 시험이 필요한가? 일상적인 업무 영어라면 뽑아 놓고 숙달시키면 될 텐데 애초부터 영어의 선을 긋는 이유를 알 수 없다. 게다가 이제 사기업 쪽에서는 영어뿐만이 아니라 2개, 3개 외국어 정도는 기본으로 해야 한다는데, 이건 아무리 봐도 오버고 욕심이다. 오천만 모두가 어학 천재는 아니지 않은가?

그런데 더 놀라운 것은 20대들이 이를 해내려 한다는 점이다. 영어, 일어 등 어학은 물론 온갖 자격증까지. 그러다 보니 그들의 방은 온통 '참고서'로 넘쳐 난다. 토익 참고서, 토플 참고서, 일어 참고서, 면접 참고서, 논술 참고서, 게다가 이제 사는 방법도 참고서가 나오기 시작하더니 연애까지 참고서가 나오는 기가 막힌 일이 벌어지고 있다. 남이 정해 준 가이드라인에 따라 10대를 보냈듯, 그들은 참고서를 보고 그렇게 20대를 보내고 있다. 이렇게 '역대 최강의 스펙'을 자랑하는 20대들이 지금 역대 최악의 실업난을 겪고 있다. 이건 무슨 경우일까?

'세계화'라는 것이 영어의 가치를 높였고, 지금의 대한민국 사회에서 "이왕이면 외국어 잘하는 녀석"이 상한가를 치는 것이 당연한 '경쟁의 원리'라고 주장할지도 모르겠다. 그런데 반드시 그 경쟁이 다양성을 무시하면서 치러져야 하는지는 의문이다. '이왕이면 외국어 잘하는 녀석'은 자신의 그 특기를 존중받으면 된다. 그런데 그것을 경쟁이라는 이름으로 모두에게 강요하는 것은 분명 과도하다.

그 과도한 경쟁에 대해서는 분명히 함께 목소리를 내야 한다. 문제는 20대 스스로가 그것을 문제 삼는 20대를 패배자 취급한다는 것이다. 저들은 우리에게 더욱 무리한 요구를 하고 있는데, 우리는 그에 어떻게든 맞추려고만 하고 있다. 취업 준비생들이 최대한 많이 뭉쳐 '토익 거부 선언'을 해 보는 것은 정말 실현 불가능한 일일까? 그게 어렵다면 이건 어떨까? 삼성에서 높은 토익 점수를 요구한다면 "이건희의 토익 점수를 공개하라!"고, 공무원에게 영어가 반드시 필요하다면 "이명박의 토익 점수를 공개하라!"고 요구해 보는 것은?

목적도 없는 영어 공부를 하며 갈수록 높아지는 기업들의 무리한 요구에 힘을 쏟아 따라가려는 우리 20대. 그걸 알면서도 토익 책을 버리지 못하는 나. 그리고 쓸데없는 토익 점수가 진리인 양 요구하는 기업. 물론 이것이 전체를 규정하는 모습은 아니겠으나 이 모습 또한 20대들이 겪고 있는 중요한 현실 중 하나라는 사실이 씁쓸하다.

특히 나 같은 '영어 무능력자'들은 평생을 패배자로 살아야 한다. 그게 싫으면 죽도록 영어 공부해 보라고? 이 나라 이 땅에서 우리말을 쓰는 내가, 우리말을 이용하는 일을 하는 내가 대체 왜 그래야 하는가? 그러면서도 나는 또 왜 영어를 의식하고 있는가? 정말 이 대한민국 땅에서는 영어 못하는 죄로 죽어야 한단 말인가.

창의력 자격증 시대

"뭐야, 무슨 놈의 창의력을 요구하는 거야? 이걸 어떻게 증명해. 자격증이라도 따야 하나?"

한 동생의 푸념에 폭소가 터져 버렸다. '창의력 자격증', 아니 대체 누가, 창의력을 척도해 자격증으로 증명할 수 있단 말인가? 이는 분명 형용모순이지만, 그야말로 지금의 시대상을 정확히 반영하는 말이다. '스펙', 이 말이 부각되기 시작한 것이 내 기억으로는 그렇게 오래되지 않았다. 내가 군대를 다녀오기 전까지 이 '스펙'이란 단어가 사용된 곳은 '식스팩' 정도일 뿐, 그다지 빈도 높게 사용되는 단어는 아니었다. 그런데 어느 순간부터 이 말이 서서히 20대를 '잠식'하더니, 이제 20대를 '질식'시키고 있다. 이제는 취직할 때는 물론, 결혼할 때도, 그리고 심지어 아이를 낳을 때도 필요한 말이 되었다.

친구의 친구(즉 '남') 얘기다. '괜찮은 대학'에 들어가서 대기업 입사를 꿈꿨던 A는 대학 2학년 때부터 본격적인 '스펙 관리'에 돌입했다고 한다. '대학'이라는 탄탄한 기본 스펙을 가진 만큼, 부가적인 스펙을 취득하면 어렵지 않게 초봉 3800만 원 가량의 대기업에 입사할 수 있다고 믿었다. 그래서 속세(대학 생활)의 모든 것을 끊고 열반에 들기 위한 작업에 돌입했다.

그는 MT도 한 번 가지 않고 도서관에서 도시락 먹어 가며, 그 스스로의 표현대로 그야말로 '찌질하게' 학교를 다녔다. 입사에 필요한 스펙도 대학 2학년 때 모두 파악했다. 그리고 2학년엔 무엇, 3학년엔 무엇, 이렇게 로드맵까지 만들었고, 실행하기 시작했다. 그는 토익 학원은 물론, 자격증을 취득하기 위해 밤에는 컴퓨터 학원도 다녔다. 그렇게 무슨 프로그램 자격증, 무슨 언어 자격증 이런 류의, 자신의 로드맵에 근접하는 스펙을 하나하나 취득해 갔다. 드디어 고대하던 대학 4학년. "난 앞으로 뭐해?"라고 묻는 한심한 동기들에게 썩소 한 방씩 날리며, 애초에 찍어 왔던 모 대기업 전자계열에 입사 지원했다.

그는 모집요강 맨 위에 적혀 있는 "창의력 있는 젊음의 도전을 기다립니다"는 문구 따위는 가볍게 무시하고, 기본 입사 자격과 자신의 스펙을 비교해 보았다. 기본 스펙 정도는 가뿐히 뛰어넘는다는 자신감, 학점까지 충실히 관리해 왔다는 성취감에 당당히 인터넷으로 이력서를 제출했다. 그런데 이런 제길슨. 경쟁률 50대 1. 대학 4년 내내, 그리고 군대 2년 더해서 6년 동안 동기들과 술 한잔 안 마시고, 그 좋다는 CC(캠퍼스 커플)도 안 해 보고, 자신의 모든 대학 생활을 다 바쳐 얻어 냈던 스펙. 그런데 그 스펙이 자신 말고도 수천 명이나 가진 스펙이었던 것이다. 그제야 알았다. 그렇게 젊은 날을 모두 바쳐 만들어 온 스펙이, 단지 지원할 수 있는 '자격' 따위에 불과하다는 것을.

그는 결국 입사에 실패했다. 밤낮없이 공부해 가며 대기업 입사 시험 공부를 했지만 번번이 떨어졌다. 그래도 좌절은 짧게—그는 다시 공부를 시작했고, 이번에는 가산점을 붙일 수 있는 자격증도 물색해 따냈다. 그런데 또 떨어졌다. 그래도 더 열심히 공부하고 남들 안 따는 자격증까지 물색해 봤다. 그래도 떨어지고, 떨어졌다. 마지막엔 붙었다. 그런데 면접에서 떨어졌다.

20대 전부를 '스펙'에 걸었던 그다. 친구와의 모임까지 거부하며 전력질주 하던 그는, 참담하게 떨어진 후에야 내 친구를 만났다. 모처럼 다시 만난 그는 그야말로 '쩔어' 있는 상태. 명문대에 진학하고서 늘 자신만만하던 그였는데, 자신은 꿈이 있다며 그리고 그 꿈을 향해 그렇게 열심히 공부하고 있다며 언제나 큰소리쳤던 그였는데, 그래서 얄밉고 꼴 보기 싫기도 했던 그였는데, 이제 30대를 눈앞에 두고 그가 얻은 계급은 '백수'다. 토익 900대, 수많은 자격증을 가진 '백수'.

"어디 작은 기업에라도 들어가"라고 했지만 소용이 없었다. 그의 20대는 사라졌다. 20대를 바꿔서 얻어 낸 것이 지금의 스펙이다. 수천만 원의 연봉을 꿈꿨고, 정장 입고 대기업에 출근하는 자신의 모습을 그려 왔다. 중소기업 무시하냐고? 그로서는 무시할 수밖에 없다. 그는 중소기업에 들어가기 위해 20대를 바쳐 온 것이 아니다. 중소기업에서 충분히 성공해, 대기업으로 갈 수 있다는 것도 우리 생각이다. 그에게는 그 시간도 사라져 버릴 시간이다. 20대가 사라졌는데, 30대도 사라져야 한단 말인가?

게다가 치열한 전투를 통해 얻어 낸 수많은 스펙, 그 스펙에 발려진 돈을 계산해 보면, 도저히 중소기업에 들어갈 수기 없었다. 모두가 그는 좋은 기업에 취직할 것이라 했고, 그도 그렇게 믿고 있었다. 그래서 얼마가 들어가든 스펙을 몸에 발라 왔

다. 그런데 그 보상을 받을 길이 없다. 오바마가 왜 아프가니스탄에서 철군하지 못하고 있겠는가?

 절망적인 일이다. '스펙'을 강요하는 사회, '스펙'이 필수가 된 사회에서 20대들은 스펙을 취득하기 위해 아등바등 살고 있다. 그렇게 따낸 스펙으로 얻어 낸 것은 겨우 '대기업 입사 지원 자격' 따위다. 그렇기 때문에 대기업에 합격하지 못하면, 얻어 낸 스펙은 무용지물, 휴지조각이다. '자격'을 갖추기 위해서가 아니라, 좋은 직장에 취직하기 위해 자격증을 따왔기 때문이다. 앞뒤가 바뀌었고 출발선이 잘못되었다.

 처음부터 연봉 3800만 원과 연봉 1500만 원의 출발선이 인생 전체를 규정한다고 믿고 살아왔다. 그래서 그렇게 열심히 공부해 왔다. 그리고 그건 사실이다. 연봉 금액은 생존의 경로를 가를 만큼 중요한 기준이 되었다. 때문에 출발선을 좀 더 앞에 두어야 하는 20대는 '스펙'을 신봉하기 시작했다. 20대를 통째로 날려 버리더라도.

그런데 스펙을 신봉한다는 것이 곧 스펙을 취득한다는 얘기는 아니다. 오히려 스펙이 미비한 경우가 더 많을 것이다. 앞서 나온 사람은 '아주 드문 경우'에 속한다. 모두가 스펙을 떠받들며 통곡하기만 할 뿐, 대부분 졸업을 앞두고 받는 것은 자격증 종이가 아니라 등록금 대출 고지서뿐이다. 즉 그들은 스펙을 관리하지도, 스펙에서 해방되지도 못한다. 부랴부랴 3~4학년 때부터 스펙 사냥에 나선다 해도, 성과는 별로 없다. 보통 목적 없이 스펙을 취득하려 하는 데다 말이 쉽지 실제로 여간 어려운 일이 아니기 때문이다.

경력직도 아닌 신규 채용에서 기업들은 참 많은 걸 요구한다. 이걸 다 채우는 것은 인간을 넘어선 애들이나 하는 짓이다. 대부분의 인간들은 저 많은 스펙을 보는 것만으로 지치고 힘들 뿐, 제대로 스펙 사냥을 하지도, 이런 기업들에 저항하지도 못한다. 그렇다고 이들을 탓할 수 없다. 애초에 20대 대부분이 감당 못할 '최소 기준'을 잡은 건 20대가 아니다.

바로 이 지점에서 세대론이 먹혀들어 간다. 윗세대와 우리 세대의 출발 지점이 그렇게 다르기 때문에. 토익이나 컴퓨터 자격증이 없어도 살아가는 세상? 우리 세대는 그런 것이 가능하다고 상상해 본 적도 없다. 지금의 스펙은 분명 주산이나 부기와는 전혀 다른 개념이다. 그것이 없다면 이미 패배한 삶이라고 받아들인다. 분명 어딘가 일할 곳은 있겠지만, 이미 패배자라고 생각한다. 중소기업에 다니고 비정규직으로 살아가는 삶에, 세상이 얼마나 가혹한지 우리는 알고 있다.

내 또래 친구들과 술 마시다가 살아가는 얘기를 하게 되면, 그 자체가 '공포'다. 다들 어디선가 일하면서 먹고살고는 있다. 그렇지만 공포가 흐르고 있다. 자신들이 선 연봉 1500만 원이라는 출발점. 그걸로는 집 하나 살 수도, 여행 한 번 마음 편히 할 수도 없다는 걸 잘 알고 있다. 내 자식 학원 하나 보내기도 어려울 것이고, 지하 단칸방에서 아등바등 살아갈 것이다. 스펙 없는 우리는 이 세상을 살아갈 '자격'을 상실했다. 그래서 무섭다. 누가 이 공포에서 우리를 해방해 줄 것인가?

'창의력 자격증' 얘기를 해 보자. 기업님들은 재수 없게도 스펙이 보편적 기준이 되자 새로운 스펙을 제시했는데 그것이 바로 '창의력'이다. 창의력도 스펙화되는 시대다. 대학가 게시판에는 등록금 인하를 요구하는 대자보 대신 공모전 포스터, 인턴 등 기업 체험 프로그램 안내, 그리고 스터디 모임 홍보 포스터가 붙어 있다. 이것이 새로운 '창의력 스펙'의 시대를 대변한다. 하기야 자원봉사까지 '스펙'으로 관리되는 현실이니.

MB 님과 한나라당 님들이 주구장창 외치는 '글로벌 스탠다드'에 맞는 '글로벌 인재'란, 자신의 모든 능력을 수치화해서 문서로 증명할 수 있는 인재를 지칭하게 되었다. 그런데 '면접 때 말 잘하는 법'까지 학원에서 배우고 책으로 나온 상황에서, 기업들이 요구하는 '창의력'의 실체는 무엇인가. 수치화된 점수보다 창의력을 척도한다는 입학사정관제가 도입되자 입학사정관제 대비 학원이 생기는 기묘한 상황, 이게 대한민국의 현재이다.

잔디밭에 누워 책 보고, 술 마시고, 기타 치며 노래한다고 해서 창의력이 불끈불끈 샘솟는 것은 물론 아니다. 그렇다고 사방이 꽉 막힌 도서관 한 귀퉁이에서 '4시간 자면 대기업, 5시간 자면 백수' 스티커 붙여 놓고, 문제집 술술 풀어대는 것이 창의력 배양에 보탬이 될 리도 없다. 그런데 '창의력 스펙' 시대에 20대들은 전자보다 후자를 선택하게 된다. 20대들이 '자격'이라도 얻을 수 있는 최소 기준인 스펙 사냥에 열을 올리는 것은 당연한 이치다. 이런 상황에서는 창조적인 삶을 고민할 이유도, 여유도 없다.

비정규직을 거부하는 사람들

당신은 혹시 이런 얘기를 들어보거나 한 적이 있는가?

예문1. "야야, 젊은 애가⋯⋯. 어딜 가면 어때? 어디 가서든 잘하면 되는 거지. 처음부터 너무 목표를 높게 잡지 마. 한 단계, 한 단계 천천히 밟아 나가면 충분히 커 나갈 수 있는 거야. 뭐가 무서워서 망설이냐? 어디든 원서 내고! 붙고! 거기서 열심히 해. 사회에서는 열심히 하는 사람이 된다니깐."

예문2. "야 웃기지마, 무조건 남은 시간 공부 열심히 해서, 일단 좋은 기업을 들어가야 해. 솔직히 한 달 100만 원 주는 직장이랑, 250만 원 주는 직장이랑 얼마나 차이가 나는 줄 알아? 시작부터 좋은 데 가지 않으면 넌 평생 그 바닥에서 썩는다. 거기서 빠져나오는 게 얼마나 힘든지 몰라서 그래, 네가."

술만 먹었다 하면, 어느 후배가 "나 이제 뭐해 먹고살아요?"라는 질문을 던지고, 이 질문에 패가 둘로 갈리어 공박을 주고받는다. 물론 양측이 서로 논쟁하는 게 아니라 모두가 이 친구에게 말을 하는 것이다. 이 친구, 양측 얘기를 조용히 경청하다, 결국 포기하고 만다. "정말, 모르겠네요. ㅠ.ㅠ"

'시작은 좋은 술로'라는 광고 카피처럼, 사회생활을 시작할 때 남들이 알아주고 인정해 주는, 돈도 많이 받고 직원 복지도 빵빵한, 그래서 윤택한 삶을 살 수 있는 '있는 기업'으로 진입하려는 사람들이 있다. 여기에는 대기업 지망생도, 공무원 시험족도 포함된다. 이른바 '비정규직을 거부한 자들'. 뭐 거창하게 3어절이나 들였지만, 딱 2음절로 축약하자면 이들의 정체는 '백수' 되겠다. 내 주변에도 이런 사람들이 늘고 있다. 20대 후

반의 백수, 아니 더 정확히 얘기하면 실업률에도 포함되지 않는다는 '취업 준비생'.

이렇게 보내다가 30대에 접어들면 결국 비정규직으로라도 시작할 수밖에 없다는 걸, 이들이 과연 모를까? 잘 알고 있다. "나는 노는 게 아니라 살기 위해 이러고 있는 거다"는 한 친구의 절규는 이를 잘 드러낸다. 이렇게 불안한 위험을 감수하면서 '좋은 시작'을 꿈꾸는 이유는 단순하다. 앞서 말한 바대로, 영원한 비정규직의 늪, 그게 두려워서다.

'비정규직'에 일단 들어서면 여기서 벗어나는 것은 사실 하늘의 별따기다. 낮은 임금, 그리고 비정규직 특유의 격무(아니, 돈을 적게 주려면 그만큼 일을 덜 시켜야 그들이 말하는 '자본주의 논리' 아닌가?)에 치이고, 사회생활이 시작되면서 광활하게 펼쳐지는 편리한 카드 생활은 우리의 발목을 잡는다. 그리고 '노동유연성'이란 이름으로 기업들이 '해고의 자유'까지 얻게 되자, 정규직은 개뿔, 비정규직이라도 일단 해고당하지 않는 게 중요해졌다. 그러니 비정규직을 탈출하는 출구는 '바늘구멍'이 되어 버렸다. 방법도 의지도 없으니.

20대 비정규직 생산직 노동자 A의 탐구생활.
('남녀탐구생활'의 여성 성우 말투로 읽어 보라.)

6시에 일어나요. 씻고 준비하고 밖으로 나와 버스를 타고 공단으로 향해요. 이런 젠장, 오늘도 버스는 만원이에요. 같은 돈을 내고 타는데 누군 앉고 누군 서서 가나 싶어요. 남은 자리가 없음에도 세워서 손님을 태우는 기사 아저씨가 나쁜 사람처럼 보여요.

공장에 도착하자마자 출근카드를 찍어요. 조금만 늦게 찍어도 시급이 날아갈 위험이 있어요. 오늘도 일찌감치 일어나 출근 10분 전에 도착해 카드를 찍는 내가 자랑스럽다고 생각해요. 그리고 일해요. 부품을 끼는 일이예요. 끼워요. 끼워요. 끼워요. 끼워요. 끼워요.

쉬는 시간이래요. 계속 서서 일했더니 다리 끝에서 근육들의 불법집회가 시작되었어요. 쉬는 시간에 앉아서 다리를 풀어 주지 않으면 온몸으로 번져 갈 거예요. 젠장, 앉자마자 끝났다는 벨이 울려요. 다시 일어나요. 끼워요. 끼워요. 끼워요. 끼워요.

점심시간이에요. 다행히 점심은 공짜예요. 일단 식당으로 가서 줄을 서서 밥을 배식 받아요. 복날이라 닭을 준다더니 아직 머리에 피도 안 마른 병아리를 푹 고아 왔어요. 뼈까지 바스러지는 병아리를 음미하며, 이 닭을 과연 얼마나 삶아댄 걸까라는 생각에 빠져요.

오후 시간이에요. 끼워요. 끼워요. 끼워요. 끼워요. 끼워요. 잠깐 쉬어요. 쉴 때는 역시 코카스(공장에서 판매하는 자양강장제의 한 종류. 내가 공장에서 일할 당시, 박카스보다 저렴해서 즐겨 먹었다) 한 모금이에요. 스팀팩 맞은 마린처럼 ('스타크래프트'라는 게임의 용어로, 스팀팩은 일종의 마약이다. 즉 '히로뽕 맞은 군바리' 정도?) 머리부터 발끝까지 내 몸을 알싸하게 만들어 줘요. 그 작은 거 한 병 먹고 나니 벌써 또 쉬는 시간 끝났다는 벨이 울려요. 끼워요. 끼워요. 끼워요. 끼워요. 끼워요. 끼워요.

아기다리 고기다리던 6시가 되었어요. 올레, 끝났어요. 근데 이런 염병할로겐. 잔업이 있대요. 그래도 돈도 더 벌 수 있고, 이 돈을 벌어야 다음 달 방값을 내도 라면을 먹을 수 있어요. 저녁을 먹고 다시 일을 시작해요. 끼워요. 끼워요. 끼워요.

아아, 드디어 보람찬 하루 일이 끝났어요. 사람들과 인사를 나누고 버스를 타러 가요. 밤늦은 시간이라 자리에 사람이 많지는 않아요. 자리에 앉아 이어폰을 귀에 꽂고 낭만을 느끼려 하는데 잠이 미친 듯이 쏟아져요. 그래도 오늘은 영어 공부 좀 하다 자야겠어요.

드디어 집에 도착했어요. 들어가자마자 일단 온몸에 찌든 땀을 씻어요. 씻고 나오니 이런 젠장, 선덕여왕을 하고 있어요. 어차피 방금 샤워하고 나와 몸도 노곤하고, 지금

자리에 앉아 봐야 집중도 안 될 것 같아 일단 선덕여왕을 보고 공부하기로 해요. 선덕여왕이 끝나고 세상 돌아가는 이치를 파악하기 위해 잠시 컴퓨터를 켜요. 헉. 장동건과 고소영이 열애를 한대요. 일단 미친 듯이 클릭해요. 기사들을 보다가 저 둘이 결혼할 때 내 월급이 축의금으로 왔다갔다 하겠다는 생각에 갑자기 우울해져요. 그러다 시계를 보니 12시예요. 6시에 일어나야 하니 잠을 자야겠어요. 종일 서서 일했더니 다리가 저려요. 눕지 않으면 내일 개고생 할 것이 눈에 보여, 그냥 잠을 청하기로 했어요.

이렇게 5일이다. 그리고 주말 잔업까지 하면 6일, 혹은 7일을 일해야 한다. 이런 반복되는 일상 속에서 새로운 도전을 준비하는 것은 하늘의 별따기다. 일을 그만둬야 하는데, 이 일을 그만두면 당장 다음 달 적금은 어떻게 메우나? 게다가 비정규직으로 살다 보니 실업연금은 개뿔, 애초에 4대 보험은 들어 있지도 않았다. 만약 4대 보험이 적용되어서 다행히 실업연금 받는 조건이 되더라도, 그게 다가 아니다. 실업급여를 받으려면 회사에서 '잘려야' 하니까. 그만두어서는 안 된다나? 이를 증명하기 위해 회사에 가서 "나 잘린 걸로 해 달라"고 졸라야 하는데, 회사 찾아가기도 민망하고, 회사가 해 줄지도 모르겠고, 그냥 포기해 버리는 경우도 많다.

또 하나. 관련 직종이 아니라면 비정규직 경력으로는 이력서에 '경력 사항'을 기술하기조차 민망시럽다. "자네는 학교 졸업하고 3년 동안 특별한 경력이 없는데, 이때 뭘 했나?"라 물으면 "네, 저는 아르바이트 식으로 비정규직 노동을 했습니다"라고 답해야 하나.

취업 준비생 B의 고민도 여기 있었다. 돈을 벌어야 하는데, 일단 어디라도 들어가서 일해야 하는데 뭐 하나 내 경력에 도움이 되지 않을 것 같은 느낌. 비정규직으로 일해야만 한다면 내가 일하고 싶은 직종에서 시작하고 싶은데, 이게 뭔 법칙인지 꼭 그런 곳은 '정규직만 취급'한다며 그는 불평하곤 했다. 비정규직은 인생에서 버리는 시간이라며.

B의 두려움에는 내적인 고통과 함께 외적인 고통도 있다. 좋은 대학은 아니지만 어쨌든 대학까지 나와서 기껏 월 120만 원 정도에 불과한 비정규직 노동자로 일하게 되었을 때 쏟아지는 주변의 애정 어린(?) 시선이다. '루저'란 딱지, 바로 그것(키 180cm에 '루저' 딱지를 붙여 놓았을 때 그렇게 발끈하던 대한민국 남성들이 우리가 실질적으로 겪고 있는 비정규직을 대하는 방식은 왜 이리 쿨한가! 아직도 노력 여하에 달려 있다고 믿는가).

"쯧쯧. 젊은 나이에, 어디가든 일할 곳이 천진다"라며 혀를 차는 어른들에게 "네, 저는 일할 데 천지인 곳에서 비정규직 노동자로 성실히 일하고 있습니다. 따님과 결혼을 허락하시겠습니까?"라고 물어보자. 모든 부모들이 다 그렇지는 않겠지만, 아마도 "지랄하고 자빠졌네"란 소리가 나오는 곳이 꽤 많을 것이다.

비정규직을 거부하는 20대에게 "그래도 열심히 살아야지"라며 혀를 차는 사람들이 있을 거다. "놀면 뭐해"라며 욕하는 사람들도 있을 거다. 그런데 그렇게 욕할 필요는 없는 것 아닌가? 그들이 비정규직에 대해 느끼는 공포, 그거 다 우리가, 우리 사회가 만들어 놓은 것들 아닌가?

당신은, 이 대한민국 땅에서 비정규직으로 살아갈 자신이 있는가?

저임금에 허우적대다

쓰읍, 월급명세서만 보면 엄지와 검지가 자연히 양쪽 눈 사이로 올라간다. '아……, 안구에 습기가…….' 내 나이 곧 서른. 서른 살 정도면 아무리 못해도 2백만 원은 받을 줄 알았던 때가 있었건만, 아직 백만 원대다. 그것도 백만 원대 초반이다! 이 무슨 운명의 장난질인가? 어떤 취업사이트에서 조사한 결과만 보면, 대학 졸업자 초봉이 몇천만 원이네 어쩌고저쩌고 하던데 거긴 대체 어떤 엄마 친구 아들이 가는 곳인가? 애초에 대학을 졸업하고 내가 갈 수 있는 곳의 연봉은 1500만 원 이하였는데 저들은 어느 별 사람이던가? 그래도 나는 어쨌든 취업을 선택했다. 그래, 열심히만 살면, 월급은 점점 더 오르지 싶었다. 그런데 왜, 난 아직도 이 월급이냔 말이다!

세상엔 직업이 많고 많다지만 어떻게 보면 둘 중 하나다. 고임금 아니면 저임금. 그리고 이것은 '선택'의 영역이 아니다. 고임금을 주는 회사에 갈 수 있는 사람들은 고임금을 받고, 나머지가 저임금을 받는 것이다. 앞서 얘기한 것처럼 그 기준이 '명문대'가 될 수도 있고, '영어'가 될 수도, '스펙'일 수도 있다. 그리고 앞서 한 번 비정규직은 영원한 비정규직이라고 말했다. 이번에는 저임금으로 시작된 인생이 저임금으로 끝날 수 있다는 말을 하고자 한다.

내가 저임금이라도 취업을 선택한 이유는 간단했다. 일단은 여기라도 들어가야 등록금 대출 이자라도 상환해 낼 수 있으니까. 주말에 집에서 바닥 좀 긁고 있어도 백수라고 눈치 안 볼 수 있으니까. 그리고 최소한 입에 풀칠은 할 수 있으니까. 그리고 무엇보다 '경력'을 쌓아 원하는 일을 하는 미래를 꿈꿨다.

그런데 이런 젠장, 그걸 몰랐네. 저임금으로 살아가기엔 이 세상이 참 녹록치 않다는 것, 그걸 몰랐네. 몇 년간 고생해서 근근이 모으면 목돈을 마련할 수도 있겠지만, 이 세상에서 연애 좀 하고, 술 좀 마실라치면 내가 받는 임금이 얼마나 부질없는 금액인지.

희한하게도 내 주변 20대 친구들 중 안정적으로 월 2백만 원 넘는 수입을 받는 '괜찮은 일자리'를 가진 사람이 아무도 없다. 모조리 저임금인 셈인데, 심지어 한 달 120만 원이 채 안 되는 '차상위계층'(최저생계비 대비 1~1.2배의 소득을 받는 '잠재빈곤층'과 소득은 최저생계비 이하지만 고정재산이 있어 기초생활보장 대상자에서 제외된 '비수급 빈곤층'을 합쳐 이르는 말)도 꽤나 많다. 당연한 얘기지만 저임금일수록 삶은 팍팍해지고, 미래에 대한 두려움은 커진다. 그리고 점차 현실에서 격리되고 스스로도 도피한다.

A는 '저임금 정규직'이다. 급여 수준은 수당 붙이고 세금 떼고 해서 110만 원 정도. 자, 이제 여기서 한 달 고정적으로 나가는 돈을 떼기 시작하자. 우선 가장 큰 것은 자취방 월세 30만 원. 그리고 대학등록금 대출 원리금 상환에 15만 원이 들어간다. 보험료가 총 8만 원, 전화비 5만 원, 전기세·수도세 등 각종 공과금이 10만 원 정도 들어간다. 벌써 68만 원, 이제 남은 돈은 42만 원. 밥은 먹고살아야 하기에 기본적인 한 달 생활비가 20만 원이 들어간다. 그럼 순수하게 자기 자신을 위해 쓸 수 있는 돈은 22만 원에 불과하다. 이 중 반만 씨시 미래를 위해 적금을 부으면 매달 10만 원씩, 그렇게 1년을 부어 봐야 120만 원이 모인다. 120만 원, 변변한 중고차 하나 사기 힘든 돈이다.

취미는커녕, 연애도 못하고 오로지 일에만 매달린다. 일 끝나면 집에 와서 '불 끄고' TV 본다. 전기세 많이 나가니까. 빨래는 일주일 동안 모아서 돌려야 한다. 한 달에 30만 원이나 해도 그나마 이 동네에선 가장 싼 방인 만큼 눅눅한 반지하방이다. 그러니 빨래는 도무지 마를 기미가 없고, 곰팡이는 춘삼월처럼 화사하게 피어난다. 한강이 내려다 보이는 오피스텔 원룸에서 은은한 모닝커피 향기에 고고하게 흐르는 음악 따위, 이곳엔 없다. 아침에 들려오는 소리는 "배추 3천 원" 정도, 모닝커피 하나 마시려면 주전자에 물 데워야 하고, 그마저도 가스값 아까워 웬만하면 회사 가서 때운다.

그렇게 아끼며 열심히 산다고 누가 인정이라도 하나? 어디 가서 그 돈 받고 일한다 그러면 바퀴벌레 쳐다보듯 하는 사람들이 태반이고, 친구들 못 만난 지도 오래다. 만나면 얻어먹어야 하니까. 그것도 한두 번이지 어디 민망해서 만나겠나?

회사에 도시락 싸들고 다니고 싶은 마음이 굴뚝같지만, 다들 밥 먹으러 나가는데 혼자 조용히 계란프라이 바닥에 깐 김치반찬 도시락을 꺼낼 수도 없는 노릇이다. 그렇게 아끼면서 사는데, 점심 때 부장님이 스파게티 집으로 가잔다. 젠장, 라면은 2500원인데.

요즘은 5천 원짜리 점심도 굉장히 저렴한 편, 3천 원짜리는 희귀상품으로 학계 등록이 시작된 지 오래다. 담배 한 갑 사는 것도 후덜덜. 요즘은 소주 한 병에 5천 원 하는 개념 없는 술집도 있다지? 월급에서 떼는 국민연금이 몇백 원 올라간 것만 봐도 눈썹 한쪽이 올라가는 요즘, 이런 낮은 임금으로 살아 내기란 너무나 힘들다.

"집에 와서 멍~하니 있다가, 밥 차려 먹고 그냥 TV나 돌리며 앉아 있는데, 이렇게 살아 뭐하나 싶더라고. '좋은 집'까지는 바라지도 않고, 그냥 좀 살 만한 집 좀 알아보려고 하면 월세가 금방 50~60만 원으로 튀어 버리니. 적금 좀 부으면 10년 모아야 겨우 천만 원 생기는 건데, 그 돈으로 결혼이나 하겠냐고. 월급이 오를 가능성도 없고. 회사나 망하지 않으면 다행이지. 다른 데 가고 싶어도 요새는 의지도 없고, 생각도 없고……. 뭐 그래."

개개인의 능력과 사정에 따라 다른 급여를 받을 수 있다고 생각을 해 봐도, 지금 대한민국에서 저임금은 자못 심각한 문제다. 친구는 "아는 형이 있는데 그 형이 1997년인가? 그때 입사를 했거든. 그런데 당시 초봉 수준이랑 지금 초봉 수준이랑 똑같대"라는 청천벽력 같은 소식을 전했다. 이니 그때랑 시급이랑 임금 수준이 똑같다니. 지난 10년간 부동산은 몇 배가 폭등했고 기타 물가도 수 배 치솟았다. 그런데 임금이 똑같아? 대기업들은 해마다 매출 신기록을 달성했다고 자랑하고, 회사 임원들에게는 몇십억이나 되는 성과금을 뿌려대며 쿨하게들 살아간다. 그런데 그 대기업 비정규직들은 왜 월급이 동결이고, 중소기업들은 직원들 월급 주기도 어려울 만큼 버거워해야 하는가? 그 돈, 우리도 같이 벌었던 그 돈은 다 어디로 갔나?

지난 최저임금 결정 과정도 생각해 보라. 기업들은 최저임금 삭감안을 내놨다. 경기 좋을 때는 "경기 안 좋아질 때를 대비한다"며 삭감하고, 경기가 나쁠 때는 "봐라, 경기 나쁘지 않냐"며 삭감하고. 최저임금을 5천 원으로 올려 봐야 하루 8시간 4만 원, 주5일 20만 원, 한 달에 80만 원에 불과하다. '만 원의 행복'은 가능할지 모르겠지만, '80만 원의 행복'은 불가능하다.

이런 나라에서 저임금 A가 가장 힘들어 하는 것은 "내 인생 참 찌질하다"는 자기애 상실이다. 메이커는커녕 지하상가에서 청바지 하나 사는 것도 몇 번을 마른 침 삼켜야 하는 자기 자신이. 누구에게 시원하게 밥 한 번 사 주지 못하는 자기 자신이. 그런데도 이 현실을 타파할 수 있는 방법을 전혀 찾지 못하는 그런 자신이 참 찌질하고 한심하기 그지없다고 한다. 거리를 나다녀 보면, TV를 보면, 참 사람들 잘 벌고 잘 먹고 잘 살더니만……. 세상에 자신만 동떨어진 것 같다고 했다. 돈 많은 사람만 대접하는 더러운 세상, 이렇게 울적할 때 술 한 잔 마시려 해도, 소주값도, 배달 음식값도 부담되는 치사한 세상.

이 월급으로 살기가 너무 힘든데도, 혹여 회사 망할까, 잘릴까, 그럼 나는 이 월급조차 받지 못하는 것 아닐까, 그렇게 백수가 되는 것 아닐까 하는 걱정에 말도 못하고 오늘도 회사를 위해, 자기 자신을 위해 성실히 일해 본다. 그러나 한 2400만 원 정도는 받아야 그래도 라면에 밥은 말아 먹고 살 것 같은 이 나라에서, 연봉 1500만 원 인생은 언제 이 생활이 끝날지 모르는 절망감과 미래에 대한 두려움으로 땅이 꺼져라 한숨만 쉬고 살아간다. 그리고 위대한 영도자, 우리 대통령께서는 그런 청년들에게 "젊었을 때 무엇이든 하는 것"이라며 등을 두드려 주신다. 눈물이 핑 돈다. 짜증 나서.

더욱이 이제 기업들은 우리나라 사람들에게 주는 저 쥐꼬리만한 월급조차도 '고임금'이라고 지껄이며, 월급을 조금이라도 적게 주기 위해 외국을 휘젓고 다닌다. 그리고 부당 노동행위를 자행하며 그렇게나 자랑스러워하는 대한민국의 얼굴에 똥칠하고 다닌다. 저들의 치졸함에 우린 어떻게 대응해야 하는가?

당신은 고임금인가? 그래서 안심이 되는가? 그런데 저임금에서 고임금으로 가기는 어렵지만 고임금에서 저임금으로 가는 방법은 아주 간단하다. 요새 유행하는 '구조조정'이나 '정리해고' 한 번이면 된다. 2009년 높은 수익을 기록한 모 통신사에서 1만여 명의 구조조정 계획을 세웠고 노동자들이 이에 동의했다. 그 빈자리는? 외주업체가 들어올 것이다. 저임금

용역 비정규직들이. 그렇게 저임금 인력을 쓰고 나면, 회사는 다시 고임금 정규직이 눈엣가시일 것이다. 그럼 다시 정리해고를 한다.

정규직 100명이면 30명을 정리해고 한다. 그럼 70명이 동의한다. 이후 70명에서 20명을 정리해고 한다. 그럼 50명이 동의한다. 남은 50명에서 10명을 해고한다. 그럼 40명이 동의한다. 그렇게 고임금 정규직은 100명에서 40명이 되고, 나머지 60명이 저임금 비정규직이 된다. 그래도 안심이 되는가?

이 고리를 끊어 내야 한다. 100명에서 30명을 해고하면, 70명이 함께 어깨 걸고 싸우면 된다. 회사는 100명 모두를 해고할 수 없으니까. 회사에 용역업체, 외주업체가 들어오는 것을 막고 청년들의 정규직 입사를 노동자들이 보장해야 한다. 그렇게 들어온 청년들이 그들과 같이 싸울 '동지'가 되니까. 당장의 생활고로 압박받더라도 저런 장난질은 막아야 한다. 그래야 노동자가 무시당하거나 천대받지 않는다. 언제까지 겁에 질려 회사를 다녀야 하는가?

오늘도 저임금 청년 노동자들은 부모님 집에 얹혀살거나 지하 단칸방, 옥탑방에서 찌들어 산다. 때깔 좋은 양복 입은 기성세대들은 "너네 왜 그러고 사니?"라고 묻지만, 분명히 이들이 꿈도 노력도 없이 사는 사람들은 아니다. 얼마나 더 열심히 일해야, 얼마나 더 성실해야 하는가? 새벽같이 일어나 스스로 밥

해 먹고 일하고, 그리고 들어와 스펙 쌓고. 대체 얼마나 더 굴러야 이 세상에 살아갈 자격 하나 받는 것인가? 개미처럼 일해도 베짱이들이 비정규직을 늘리고 중소기업을 괴롭힌다. 개미들이 더 열심히 할수록, 베짱이들의 배만 부르다. 언제까지 개미가 일만 해야 하는가?

"왜 그러고 사니"라고 묻는 어른들에게 피곤에 찌든 얼굴로 가벼운 썩소 하나 살짝 담아 말하고 싶다.

"지금은 살 만하시죠?"

2부

사막 생태보고서

 # 사막, 시속 20km

청춘의 사막, 그 살풍경

가끔 동요 중에, '이거 정말 잔인한 가사인데?'라는 생각이 드는 곡이 몇 가지 있다. 이 노래도 그렇다. "정글 숲을 지나서 가자, 엉금엉금 기어서 가자, 늪지대가 나타나면은, 악어떼가 나올라. 악어떼!"

힘들게 살아오면서 때로는 좋은 일도 있었지만, 그 좋은 일이 따져 보면 딱히 내 경제생활에 도움이 되었던 것은 아니다. 오히려 시간이 지날수록 내 삶은 힘들어지기만 한다. 살금살금 기어가든, 엉금엉금 기어가든, 뛰어가든, 날아가든 어떻게든 살아 보려 발버둥 치다가, '아, 이제 좀 피나?' 싶으면 웬 악어 떼가 나타난다. 그렇게 다시 한 번 절망한다. 그것이 이 죽음의 늪에서 살아가고 있는 우리들의 삶이다.

　이런 세상에서 살아가는 20대의 마음은 그야말로 광활한 사막이다. 뙤약볕은 내리쬐고 모래바람은 불어온다. 태어난 지 불과 이삼십여 년인데, 사는 데 지쳐 버린 사람들. 어떻게 한 번 성실하게 살아보자는 생각, 접은 지 오래되었다. 큰 욕심 없이 그냥 남들 먹을 때 먹고, 입을 건 입고, 잘 땐 자면서 그렇게만 살아 보려는 것도 너무나 어렵다. 주변에서는 모두들 "이 길로만 가라"며 채찍질 해 대고, 나의 조국이라는 곳은 말로만 '때리면 안 되는데……'라며 말리는 시누이 흉내를 낸다. 아주 밉상이다.

　부모님들은 이 사막에서 벗어나선 안 된다며 사막 한가운데에 아이들을 던져 놓은 채 살아 돌아오길 비나이고 또 비나이다. 애초에 이 사막이 아닌 다른 곳으로 들어서는 모습을 두려워하며, 그 영향을 받은 아이들 역시 다른 길을 찾으려 하지 않는다. 또 우리를 둘러싼 주변의 사람들은 황량한 사막이 아닌, 초원을 지나는 사람들을 '부적응자'라며 비난하고 조롱한다. 똑같이 실패하더라도 사막에서 적응하다 실패하는 것이 초원을 달리는 것보다 낫다고 믿고 있다. 같이 잘 살 수 있는 방법보다는 내가 그들을 누르고 잘 사는 방법이 이곳 사막의 삶이며 무법천지 같은 그 논리가 우리에겐 법이 되어 있다.

　이 나라는, 이 사회는 그러한 '법과 원칙'을 바탕으로 사막의 생태계를 좌지우지하고 때로는 관망한다. 사막에서 이탈하는 자는 이곳의 질서를 해친다며 처단하고, 다른 세계를 찾아 나서자는 사람들은 '법'의 이름으로 축출해 낸다. 오아시스를 점거하고 물 한 잔에 거액의 돈을 받고 파는 사람들에게는 '사막의 질서를 지키는 자'라며 추켜세우고, 누군가 물 한 모금 제대로 먹지 못해서 "목마르요. 물 좀 주소" 한마디 할라 치면 '즉

각 처분'에 나선다.

　이 사막 같은 사회에서 어떤 사람들은 목을 매고, 어떤 사람들은 몸에 불을 붙이며, 또 누군가는 철탑 위에 오른다. "여기를 보라"고, "여기 사막 말고, 그렇게 멀지 않은 곳에 맑은 물과 푸른 초원도 있지 않냐"고. 그렇지만 그들의 목소리는 이 나라에 의해, 이 사회에 의해, 심지어 같은 고통을 받고 있는 사막의 횡단자들에 의해 무시되고 묵살된다. 이렇게 우리들은 사막을 걷고 있고, 사실 우리 부모들 역시 여전히 사막에 있으며, 앞으로 우리 아이들도 사막에 있을 것이다. 그리고 '사막의 지배자들'이 전용하고 있는 커다란 호수에서 다만 물 한 모금 마시기 위해 그들이 원하는 모든 것을 다하려 할 것이다.

　이 사막 같은 사회는 사막에 던져진 20대에게 '적응'을 명목 삼아 기존의 삶의 방식 그대로를 강요한다. 스스로 앞서 그 사막을 통과해 왔다고 말하는 사람들은 우리에게 어떤 지름길도 허락하지 않고, 이 끝도 없는 길을 걸어오라고 한다. 그렇게 접어든 사막의 길에서 남성은 남성다움을 강요받은 채 영영 끝나지 않을 군 생활을 하고 있으며, 여성은 남성화된 사막에서 언제 어디서든 본인의 의사와 상관없이 성적 수치심을 받을 수 있다는 공포에 휩싸여 있다.

　'회식'은 바로 그러한 사막 같은 풍경의 집대성이다. 한쪽에서는 부장님 신발 구겨진다며 막내 사원이 소중히 구두를 신발

장에 얹어 놓고, 다른 한쪽에서는 "김양이 술 좀 따라 보라"는 대리 손에 이끌려 여사원이 아버지 같은 사람 옆에서 술시중을 든다. 이런 막장 같은 분위기, 그 속에서 충격과 상처를 받기도 하는 20대 신입사원. 그러나 다음날이 되면 '조직'은 언제 그랬냐는 듯 가장 원칙적이고 이성적인 양 돌변하고, 이러한 분위기에 20대 신입사원들은 어디 하소연할 곳도 없다.

하지만 회식자리가 아니더라도, 이 사막에서 오래 살아왔던 사람들은 20대 사원들에게 인격 모독은 기본이고 심지어 폭행까지 가하는 경우도 있다. 그러면서도 그들은 "어릴 땐 이렇게 배우는 것"이라며 부조리를 당연한 듯 받아들이게 하고, 20대 신입사원들도 "사회생활이니까"라며 넘겨 버린다. 근로기준법은 어디에 찜 쪄 먹었는지 상관도 하지 않은 채, "조직을 위해 네가 희생해야 하며, 네가 희생하는 게 조직에서 살아남는 길"이라고 강요한다.

노동자는 개인적인 시간마저 사용자의 노예이고, 이 부조리를 사용자도 노동자도, 아무도 문제 삼지 않는다. 때로는 가정부, 때로는 접대부, 때로는 노래방 도우미, 때로는 양반의 종이 되어 장님 3년, 귀머거리 3년, 벙어리 3년의 시간을 보내고 있는 20대의 사회생활. 그렇게 '더러운 세상'을 겪은 젊은 사람들이 다시 그들의 위치에 오르면 "나도 그렇게 컸다"며 신입사원을 '부하 직원'으로 만들고, 젊은 여성 사원들의 허리에 손을 두른다. 그래도 많이 완화되었다지만 주변을 둘러보면 아직 참 멀고도 멀었다.

오랜 사막 여행으로 지쳐 버린 사람들과 이들을 더 괴롭혀 장사 한 번 해 보려는 사람들, 그들로 인해 사막은 점점 더 넓어지고 황폐해져 간다. 그리고 우리의 마음도 무미건조해져 간다.

그런 20대는 이제 웬일인지 사랑마저 잃어버렸다. 사막은 더욱 황폐해지고 가혹해져, 이제 20대들에게는 사랑만으로 살 수 없다는 것이 막연한 느낌이 아니라 그야말로 공포에 가까운 감정이다. 사막의 짐승들은 손을 잡고 있는 연인의 몸을 뜯고, 온몸이 뜯겨나가 결국 견디지 못한 연인은 마지막으로 잡고 있던 손을 놓아 버린다. 이 사막에서 '사랑'이 포함된 모든 감정은 말 그대로 '사치'에 가깝다. 아이 하나 낳는 것이 모래지옥에 빠져드는 지름길일 수 있다는 또 다른 공포감은, 이 사회를 저출산사회로 만들었다.

20대들은 도대체 이 사막이 언제 끝날지도 모르고 오늘도 터벅터벅 사막을 횡단한다. 중간 중간 모습을 드러내는 오아시스는 그들의 목을 축일 뿐, 그들을 사막 밖으로 데리고 나가지 못한다. 그나마 그 오아시스도 사막의 지배자에 전용당해 쉽게 누리지도 못한다. 이 지옥 같은 사막에서는 잠을 잘 곳도 쉴 수 있는 곳도 없다. 그냥 그렇게 가는 것이다.

누군가 나이는 시속이라 했다. 20대는 시속 20킬로미터일 뿐이다. 그런데 자꾸 이 사막을 시속 80킬로미터로 빠져나가라며 강요한다. 그렇게 달릴수록 우리의 발은 사막의 모래에 푹푹 박혀 더욱 숨이 차고 힘들다. 그래도 우리 부모님들과 친구들은 우리에게 그렇게 달리라며 기대한다. 그리고 우리가 우리 자신에게 그렇게 달리길 바라고 있다. 그렇게 달려도 이 사막은 사막일 뿐이다. 이정표도 없고, 출구도 없다.

이번에는 이 사막에서 살아가는 사람들의 이야기다. 서럽고 황량한.

등록금 인하 대신 스타벅스를

사막화는 생각보다 빠르게 진행되고 있다. 사회가 사막 같다는 것을 느끼면서 20대를 맞이한 친구들은, 사막을 바꾸는 것보다 사막에서 자신이 먼저 탈출하는 것이 비교적 쉽고 빠르다는 것을 본능적으로 알고 있다. 이것은 사막의 초입에 들어선 대학에서부터 증명되고 있다. 잠깐 옛날이야기를 해 보자.

'이 얼마 만에 가는 거냐'고 중얼거리며 설레는 마음으로 내가 예전에 다닌 대학교로 향했다. 나를 잊지 않고 초대해 준 고마운 후배 녀석들이 얼마나 변했을지? 학교 앞에 자리 잡은, 그 두툼한 파전을 팔던 막걸리집은 여전할지? 과실은 내가 다닐 때처럼 북적거릴지? 동기 녀석들과 수다 떨던 강의실은? 인문대 앞, 과자와 소주를 먹으며 신나게 놀던 잔디밭은 그대로 있을까?

내가 다니던 대학교 학회에서는 신입생 환영식에 졸업한 선배들을 부르는 몹쓸(?) 전통이 있어 종종 그 자리에 참석하곤 했다. 특히 지난해와 지지난해엔 가지 못해서 더욱 궁금했고, 그만큼 설렘도 컸다. 물론 두려움도 컸다. 지금의 대학 신입생들은 10여 년 전에 이 학교를 다녔던 나를 어떤 표정으로 바라볼지, 혹시 내가 예전에 선배를 처음 봤을 때의 그 칙칙함을 고스란히 느끼는 것은 아닌지, 그래서 '어우, 나이 먹고 쟤는 왜 왔대?'란 표정을 짓지는 않을지, 뭐 고따구 두려움 정도.

설레는 마음으로 학교로 향하는 골목길에 접어들자 역시 시간의 흐름에 따라 눈에 띄는 변화를 느낄 수 있었다. 입학할 때만 해도 순 논밭이었던 학교 주변은 내가 입대할 즈음에 하나 둘 아파트가 들어서기 시작했는데, 이제는 주변이 눈에 잘 안 들어올 정도로 아파트가 꽤나 빼곡히 들어찼다. 그리고 좋은 현상인지 아닌지는 모르겠지만 많은 추억이 쌓여 있던 학교 앞 그 술집들도 사라졌다. 그 자리를 메운 것은 PC방과 CF에서 종종 보던 프랜차이즈들이었다. 대학교 1학년 때는 그렇게 학교 앞에 있었으면 했던 프랜차이즈가 아파트 상권까지 같이 끼고 기어이 이 학교로 들어온 것이다.

변화는 또 있었다. 대학교 1학년 때 학교 교문을 들어서자마자 눈에 띄던 '신입생 여러분 환영합니다'라는 현수막. 그때 그 현수막은 3월이 지나면 참 예쁜 손글씨로 쓰인 '비정규직 철폐, 자본주의 분쇄'라는 '섬뜩(?)'한 용어로 바뀌었다. 그러나 오랜만에 온 학교에는 그런 손 글씨 대신 바탕체, 혹은 굴림체의 컴퓨터 글씨로 새겨진 광고들이 가지런히 붙어 있었다. 시국에 대한 일종의 '성명서' 같은 대자보가 붙어 있던 과실 앞에는 답사를 간다는 대자보만이 덩그러니 걸려 있었고 토익, 토플에 대한 안내 광고가 벽면을 메웠다. 그렇다. 그것이 좋은 변화이든, 혹은 나쁜 변화이든 한 가지 사실은 분명했다. 대학이 변했다.

모두가 아는 것처럼 대학은 거대한 취업센터로 변했고 대학생들은 취업 준비생으로 변했다. 대학 합격은 곧 '예비 백수'를 의미하므로 그들은 취업센터를 적절히 활용해야 한다. 이제 전공과목 대신 토익 책을 붙들고 있어도 그 어떤 교수도 이를 지적하지 않는 세상이 왔다. 그렇다고 이런 대학생들을 비난할 수도 없다. 이들은 대학 입학 후 불과 4~6년이라는 짧은 시간 동안 인생의 모든 방향을 결정하고 이를 실행해 나가야 한다. 대학이 변할 수밖에 없는 환경이 조성된 것이다.

대학은 '선진화'라는 이름으로 경쟁하고 있고, 전쟁에서 승리하기 위해(정말 이기기 위함인지는 알 수 없으나) 학생들에게 군

자금을 명목으로 손을 벌리고 있으며, 이에 심각한 수탈을 당하고 있는 학생들은 조세에 저항하기보다 자기 자신도 선진화하기 위해 그 부담을 고스란히 감당한다. 물론 내가 1학년이었을 때도 그런 분위기는 분명히 있었으나, 불과 10년도 안 되는 사이에 변화는 엄청나게 가속도가 붙었다.

지난해 즈음인가, 아직 학교에 남아 있는 일 년 후배는 술자리에서 그 무지막지한 체감속도에 혀를 내두르며 좌절한 적이 있다. 아직까지도 1학년 때 버릇 못 버리고 술자리에서 종종 의미 없는 토론을 즐기는 그는, 여전히 술 먹으면 후배들에게 여러 가지 사회적 이슈, 혹은 철학적인 이야기를 하고, 그들의 의견을 묻곤 한다. 그런데 어느 순간부터 그런 얘기를 하면 후배들이 "그런 것 좀 말하지 말라"며 짜증 섞인 대답을 한다는 것이다. "걔들이 널 싫어해서가 아니라 네가 좀 짜증 나는 스타일이라 그래"라며 어깨를 두드리며 위로하다가 문득 생각난 이야기가 있다.

매년 총학생회 선거 시즌의 가장 첨예하고 중요한 이슈는 '등록금' 문제였다. 매년 등록금을 그야말로 '미친 듯이' 올리는 학교자본에 대해 등록금 예·결산 공개와 등록금 인하를 요구하는 것은 빠질 수 없는 총학생회 후보 공약이었다. 그리고 이것은 운동권이든 비운동권이든 일치하는 이해관계였다. 그래서 매년 초마다 각 학교에서는 등록금 투쟁이 시작되었고,

상당수의 대학에서 수많은 꼬꼬마 닭(즉, 계란)들이 총장실 유리창을 붙잡고 장렬하게 전사해 갔다. 그런데 등록금 투쟁 얘기를 들은 지 꽤 오래된 것 같다.

반면에 어느 학생회장 후보가 '교내 스타벅스 설치'를 공약으로 내걸었다는 뉴스를 본 기억이 있다. 이들이 당선된 걸로 기억하는데, 이후 갑자기 교내 등록금 투쟁이 학생들 복지 투쟁으로 전환하기 시작했다. 이것은 당연히 '조삼모사'에 가까운 코미디다. 학교는 스타벅스를 유치하기 위해 학생들 등록금을 올려 건물을 짓고, 스타벅스는 학교에 돈을 내고 그 건물에 들어온다. 그렇게 들어온 스타벅스는 학생들에게 물건을 팔고, 그 돈의 일부를 다시 학교에 사용료 명목으로 낸다. 결국 학생들은 수백만 원이 넘는 등록금과 스타벅스에 지불한 돈을 이중으로 학교에 내고 있으며, 재단의 배만 불러 가고 있다. 같은 맥락에서 최근에는 '축제 때 소녀시대를 부르겠다'는 공약을 내건 학생회 후보단도 있었다고 한다. 다행이라고 해야 할지, 이 학생회는 낙선했지만, 안타깝기 그지없는 일이다.

문제는 이런 '조삼모사'를 간파할 수 없을 만큼 대학생들이 무식해진 것이 아니다. 대학생들이 이런 상황을 현실로 인정하고 받아들인다는 것이다. 학교 등록금 얘기에 침을 튀겨가며 욕을 하다가도, "그래! 한번 부딪혀 봐!"라고 선동(?)하면 "어쩌겠어요"라고 답을 한다. "어차피 아무도 하지 않고, 나도 할 생각 없고, 그냥 얼른 졸업하는 게 최선"이라고, "괜히 반항하다 짤리기라도 하는 날에는 어떻게 하냐"고, "운동 같은 거 안 한다"는 답이 돌아온다. 이게 잘못되었다는 것은 아는데, 잘못된 것을 어떻게 해야 할지는 모르는, 혹은 외면하는 것이다.

이는 또 아이러니하게도 살인적인 등록금 탓이기도 하다. "부모님이 데모하는 걸 싫어한다"는 얘기를 꽤나 많이 들었고 나 역시 그랬는데, 이는 결국 높은 대학등록금으로 인해 부모에게 의존할 수밖에 없는 현실을 반영한다. 등록금을 대 주는 부모님이 얌전히 등교하라 하시니, 결국 그렇게밖에 할 수 없는 것이다. 이렇게 악순환한다. 올리고, 잘리기 싫으니 뼈 빠지게 내고, 다시 올리고, 힘들어도 또 내고. 그러면서 결국은 순응하고.

등록금 문제는 모든 대학생들이 안고 있는 고민이지만, 군제대 후 복학했던 한 후배 역시 등록금 고지서를 받고 모처럼 '후덜덜' 했다고 한다. 올해 한 학기 등록금만 400만 원에 육박하는데, 방학 동안 아르바이트를 해서 두 달 내내 한 푼도 안 쓰고 모은다고 해도 대학생들이 손에 쥘 수 있는 돈은 120만 원 남짓에 불과하다. 아무리 뼈 빠지게 일을 해도 등록금 반의반도 모으기 어려운 것이 현실이다. 그래서 그는 이예 아르바이트를 포기하고 장학금 사냥을 떠났다. 모아 봐야 어차피 등록금에 보탤 수도 없는 금액이라면, 방학 동안 공부나 한다는 것이다. "그렇게 장학금을 받든, 취업을 빨리 하든, 되도 않는 아르바이트보다는 그게 더 낫지 않겠냐"고, 부모님들도 동의했다 한다.

아마 그는 앞으로 2년 정도 남은 대학 생활 동안 등록금뿐 아니라 생활비까지 부모님에게 받아 써야 할 것이다. 그렇게 계산해 보면 그가 부모님에게 받아야 할 돈의 액수는 천만 원대 단위가 된다. 그런 그에게 '이거 하면 당장 내일부터 바뀐다'는 보장을 해 줄 수도 없는 내가 그 학교에서 같이 싸울 수도 없으면서 "어깨 걸고 일어서자"고 말할 수는 없는 노릇이었다. 끝없이 등록금을 올리는 학교를 어떻게든 막아야 한다는 것은 알고 있지만, 지금 당장 부모님께 몇천만 원씩 받아다 써야 하는데, 부모님의 말을 어기고 자신의 생각을 분출해 낼 수도 없는 노릇이다.

"알지, 형 말이 다 맞는데, 그건 아는데 우리집 사정이 있잖아. 군대도 갔다 온 놈이 솔직히 엄마한테 '만 원만' 하기가 쉬운 게 아니잖아. 나 때문에 집이 휘청거려서 휴학할까도 진지하게 고민하고 있어. 이미 학자금 대출도 천만 원이 훌쩍 넘어 버리고, 내년부터는 원금도 갚아야 하는데······."

이렇게 말하는 녀석에게 내가 무슨 말을 더 어떻게 할 수 있겠나? "분명히 바뀔 수 있다. 내일부터라도 바뀐다" 따위의 말? 그게 거짓말인 거, 나부터 알고 있는 사실이다.

이제는 그마나 등록금 문제를 '얘기'라도 해 왔던 학내 운동권도 추락하고 진보 세력조차 학생들에게 관심을 끊어 버렸다. 그러한 상황은 이들을 더욱 현실에 순응케 한다. 소수가 된 운동권은 언제나 '고루하고, 딱딱하고, 좀 말이 안 통하는'(틀린 말은 아니지만) 사람으로 인식되고, 사회에 분개하고 토론하던 학교 내 선후배 관계는 재밌는 오빠와 예쁜 후배, 혹은 귀여운 누나와 완소 연하남으로 분류되고 있다.

상황이 그러하니, 대학생들에게 누구처럼 "토익 책을 던져 버리고 짱돌을 집어 들라"거나, "너희들 이게 문제니 주루룩 서서 반성하라"는 말을 할 수는 있을 것이다. 옛날 최루탄이나 페퍼포그 차(최루탄 발사용 장갑승합차)와 맞서 싸우던 사람들은 지금의 20대 대학생들을 한심하다고 생각할 수도 있을 것이다. 그런데 결국 지금과 같은 세상을 만든 것은 기성세대들이다. 다른 출구가 보이지 않게 해 놓은 것도 그들이며, 학생들에게 관심을 끊었던 것도 그들이다. 그런 기성세대들이 지금의 대학생들에게 돌을 던질 수는 없다. 배철수 아저씨가 한 예능프로에 나와 했던 말이 생각난다. "마흔 살이 넘어서도 사회에 큰 불만을 갖고 있는 것도 재수 없지 않아요? 자신이 그 사회에

책임이 있는 사람인데."

 물론 지금의 대학생들 중 상당수가 자본주의 사회에 종속된 것도 사실이다. 현실을 인정하는 것을 넘어서 하나의 신념으로서 자본주의를 받아들이는 사람이 있는 것 또한 사실이다. 그들은 역시 집회에서 내는 목소리와 분위기에 동의하지 못하는 경우가 많았다. 촛불집회를 둘러싸고 폭력 집단으로 규정하고, '비정규직 철폐'를 경쟁에서 패배한 루저들의 한심한 항변으로 치부하는 친구들도 꽤나 많다. 한 친구는 이렇게 말했다.

 "나는 왜 그렇게 주장하는지 모르겠어. 어차피 자본주의 사회고 이 사회가 다 경쟁인데, 열심히 노력해서 정규직이 될 수도 있는 거고, 회사 사정에 따라 비정규직을 쓸 수도 있는 거지. 무조건 철폐하라고 한다면 그게 가능하겠어?" 이 친구 부자냐고? 물론 아니다.

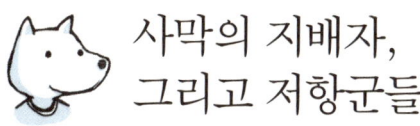# 사막의 지배자, 그리고 저항군들

꿈을 눈치 보는 사람들

"어릴 때부터 그러셨던 거 같아요. 그렇다고 우리 부모님이 아주 유별난 것은 아니지만 간섭은 좀 많으셨어요. 하나부터 열까지 이렇게 저렇게 해야 한다고 말씀하셔서, 지금껏 그렇게 해오긴 했는데……. 막상 지금 와서 앞으로 어떻게 해야 할지 생각해 보니 막막하네요. 어떻게 해야 할지 모르겠어요."

"정말 짜증 나는 상황이야. 엄마랑 얘기도 하기 싫어. 오빠랑 헤어질 수는 없어. 그런데 엄마한테 얘기하면 계속 반대해서 언제나 다시 원점으로 돌아가. 말이 안 통하니까 말을 하기도 싫은 거야. (- 그래서? 결국 엄마 말 안 들으려고?) 그건……. 나도 모르겠어. 아 짜증 난다. 정말.(- 뭐야, 그럼 어쩌라는 거야?)"

첫 번째로 인용된 친구는 인생의 '선택권'을 부모님께 위임한 친구다. 고등학교도, 대학교도(물론 부모님이 원하는 곳에 들어가진 못했으나) 그리고 심지어 전공까지 부모님의 입김이 들어갔다. 물론 부모님의 선택을 따른 것은 그 친구의 선택이었지만.

"과를 부모님이 시키는 대로 선택한 건 너무한 거 아니냐?"
"근데 진짜 뭘 해야 할지 모르니까요."
"관심 분야는 있었을 것 같은데. 아니면 고등학교 때 잘했던 과목이라도 있었을 테고. 만약에 게임 같은 걸 좋아하면, 그 관련 학과에 도전해 보지 그랬어?"
"그건 부모님이 반대하니까."
"아놔!"

결국 이 친구는 경영학과에 갔다. 대학 생활 하면서 전공에 단 한 차례 관심 가져 본 적도 없고, 왜 이 과목을 배워야 하는지도 모른 채, 대학 다니는 내내 죽어라 교과서 외우고 토익 공부에 집중했다. 이렇게 공부하면서 MT 한 번 못 가고, 그 흔한 인문학 책 한 권 못 읽고 대학 시절을 다 보냈다. 그리고 "대학 다니는 동안 최대한 스펙을 취득해야 한다"는 부모님의 말씀에 아르바이트 한 번 한 적 없다. 그러던 이 친구가 취업이라는 갈림길에 서자 고민을 시작한 것이다.

"사실 제가 뭘 해야 할지 모르겠어요."
"지금 생각하는 건 뭔데?"
"그냥 회사 들어가서 일하는 거."
"어떤 일? 이것저것 하다보면 뭐라도 떠오르는 게 있을 거 아냐? 하다못해 햄버거라도 좋아하면 프랜차이즈에 입사 원서를 넣어볼 수도 있잖아."
"햄버거는 부모님이 안 드시니까."
"아놔!"

두 번째 인용에 나온 친구는 '연애'에 대한 선택권마저 부모님에게 제압당한 친구다. 남자친구가 대학을 졸업했음에도 딱히 하는 건 없고, 그렇다고 남자 집에 돈이 있는 것도 아니고, 그렇다고 여자가 이를 감당할 수 있을 만큼 돈을 잘 버는 것도 아니고. 그야말로 이 나라에서 가장 흔하면서도 가장 절망적인 상황에 놓인 커플이다. 그러니 여자의 어머니는 "맘에 안 든다"

사막의 지배자, 그리고 저항군들

부터 시작해, "남자가 비전이 없다"라든지, "너 개랑 결혼이라도 하면 미래가 얼마나 암울할지 아냐" 같은 말은 기본, 그녀의 핸드폰에 압수수색영장을 부여하여 검문검색을 강화하는 한편, 한때 주말 외출 금지령까지 내리는 등 그야말로 계엄령을 방불케 하는 상황이 펼쳐졌다.

이 친구에겐 미안한 말이지만 내가 보기엔 딱히 고민할 문제가 아닌데, 계속 고민하는 것 같기에 "어머니가 싫어하시는 이유가 있겠지. 네가 들어 봐서 그게 납득이 되고 남자친구를 포기할 수 있으면 어머니 말대로 하는 거고. 그런데 네가 남자친구가 좋고, 도저히 포기할 수 없다면, 그때는 이길 때까지 싸위. 결국 결혼은 네가 하는 거지, 너희 어머니가 하냐?"고 쏘쿨하게 대답해 줬지만, 그녀는 나에게 "짜증 나" 한마디를 돌려줄 뿐이었다.

이 험한 사막으로 출발하는 입영열차 안에서 부모님들은 울먹이며 손을 흔들고 있지만, 사실 사막행 티켓을 끊어준 것은 부모님들이다. 그런데 이것을 두고 '부모님들이 문제'라고 말할 수는 없다. 부모님들이 "너 죽어 보라"며 그 열차를 태운 것은 아닐 테니. 문제는 부모님이 티켓을 끊어 줄 때 선택지가 단 한 곳밖에 없다는 것이다. 그곳이 사막이다. 그렇다면, 대체 누가 사막행 열차만 운행하도록 만들었는가.

자식들에게 사막행 열차표를 끊어 주었지만 사실은 부모님들이라고 사막 외곽, 저 푸른 초원 위에 살고 있는 것은 아니다. 부모님들 역시 사막 안에 있으며 부족한 물을 한 모금이라도 차지할 수 있도록 노력하고 계신다. 그들은 60, 70년대에 모두가 이 사막에서 벗어나자는, 혹은 이 사막을 초원으로 만들자는 꿈 하나로 견뎌 오셨다. 80년대에는 토끼 같은 자식들을 위해 물 한 모금 덜 드시고 그 한 모금 자식을 위해 내놓으신 분들이다.

점점 사막에 푸른빛이 돌고 그렇게 결실을 보아 올 무렵, 갑자기 몰아닥친 IMF이니, 구조조정이니 하는 모래폭풍도 견뎌내셨다(하지만 물론 '녹화사업'은 한 방에 원점으로 돌아갔다). 부모님들은 그 모진 세월 앞에서 이 사막의 땅에 살아간다는 것이 얼마나 힘들고 괴로운지를 알고 계신다. 그래서 그들은 자기 자식만이라도 사막이 아닌 젖과 꿀이 흐르는 초원에서 살기를 바라신다. 그래서 끊은 티켓이다. '경쟁의 티켓'.

그 티켓을 받은 사람은 수천만 명. 이중 단 1퍼센트 정도만이 초원에서 살 수 있다. 나머지는 모두 사막행이다. 이를 알기에, 부모님들은 우리의 꿈을 조종하고 지배하려고 한다. 그렇게 아이들은 스스로 자라지 않고 시키는 대로, 하라는 대로 키워진다. 그게 지금의 청춘들이다. 그래서 그들은 꿈을 눈치 보게 되었다.

대부분의 20대들이 서른 가까이 되어서도 부모님과 함께 살면서, 오늘도 내일도 부모님 말씀 잘 듣는 착한 어린이 생활을 하고 있다. 물론 아주 저항이 없는 것은 아니다. 그래 봐야 아주 소소한 부분들이다(이를테면, '밥 먹어'라든가, '씻어'라는 주문에 가차 없이 '싫어!!'라고 하는 정도의). 그러나 인생의 큰 방향을 결정할 때는 이들이 저항하는 모습을 보기가 어렵다.

자신의 꿈까지 부모님 눈치를 보고 자신의 삶을 부모님의 설계대로 산다. 물론 어느 부모가 자식 잘못되라고 그러겠는가? 문제는 '안정적인 삶'에 대한 부모님의 맹목적인 동경, 그리고 이에 휘둘리면서 자신의 미래에 대해 고민할 의지가 부족해진다는 것, 그리고 이 상황에 대해 저항을 하려는 의식을 갖고 있더라도 저항의 논리적 근거를 만들 만한 힘이 없다는 것이다.

때문에 이들에 대해 '의지박약' 딱지를 머리에 붙일 수는 없다. 이것이 한두 사람의 문제가 아닌 사회적 추세라면, 분명 저렇게 만드는 무언가가 이 사회에 있을 것이다. 어른들은 요새 20대들이 "의지도 없고, 열심히 하려는 것도 없어"라며 혀를 끌끌 차지만, 정말 최근의 20대 문제를 심각하게 받아들인다면 이것을 개인의 문제라고 욕할 것이 아니라, 20대들이 위와 같은 과정을 통해 점점 더 깊이 끌려 내려가는 모래지옥 같은 사막 사회부터 해결해야 할 것이다.

바야흐로 젊은 사람들이 견지해야 할 '무한도전'의 정신을 펼치기 어려운 세상이다. 날마다 구조조정에 정리해고에, 어디 취업하려 하면 다 비정규직이다. 그야말로 '기업하기 좋은 나라'에서 20대들의 무한도전 정신은 파묻혀 버리고, 나라를 이 따위로 만들어 놓은 사람들은 우리 뒤에 안전판 하나 제대로 설치해 주지 않은 상황이다. 그래서 우리에 비해 비교적 안정적인 부모님에 대한 의존도가 더욱 높아지는 것이다. 그러나 이건 독이 든 성배다. 부모님이 우리 곁에 평생 살아 계시는 것도 아니고, 상황에 따라 우리도 곧 부모가 되거나 부모님 없이 홀로 살아 나가야 할 시점의 변화가 있는데, 사회는 계속 20대들의 자립 의지를 꺾어 버린다. 결국 아이들은 부모 품 안으로 다시 파고들 수밖에 없고 부모님들은 품 안의 새끼들을 보호하기 위해 정년을 연장하고, 정년퇴임 후에도 다시 비정규직으로 또 다른 노동을 시작한다. 그리고 이는 다시 자식들에 대한 발언권의 강화로 이어진다. 대체 어디서부터 풀어야 하는가?

부모님들도 답답하다. 나이는 들어가고 몸은 점점 약해지는데 아이들이 자신이 바라던 '성공가도'에 접어들지 않고 분기점에서 표지판도 보지 못한 채 자꾸 헤매는 것만 같다. '57분 교통정보'에서는 연일 "성공가도로 접어드는 분기점에 차가 너무 몰려 진입하려면 한 10여 년은 걸릴 것 같고, 접어들 장담도 없다"고 떠들어 대는데, 아들놈의 토익 책은 깨끗하기만 하지, 딸놈은 비정규직이어서 언제 잘릴지 알 수 없지. 심각한 고민이다.

부모님들은 '이 나라에서 저소득 노동자로 혼자 살아가는 것이 생명에 위협을 느낄 정도'라는 것을 너무나 잘 알고 있다. 누가 뭐래도 이 사막을 헤쳐 오신 분들이니, 돈 많이 못 번다는 것의 의미를 누구보다 잘 알고 있다. 이런 현실 속에서 자기 자식들이 이 사막을 도대체 어떻게 헤치고 나갈 것인지, 온통 걱정뿐이다. "1등만 기억하는 더러운 세상"에 5등, 23등, 125등, 3429등의 부모님들은 자식들이 받아야 할 고통의 크기를 너무나 잘 안다. 결국 자식들의 인생도, 꿈도, 사랑도 직접 보고 확인하지 않으면 불안해서 견딜 수 없다.

어차피 부모님들이나 우리들이나 똑같이 사막에서 헤매고

있는 사람들이다. 그래서 똑같은 고통을 받고, 다른 듯하지만 어떻게 보면 비슷한 고민을 하고 있는 사람들이다. 그럼 누가 이 사막화의 주범이란 말인가?

조국이라는 이름의 사막

"나는 자랑스런 태극기 앞에, 조국과 민족의 무궁한 영광을 위하여 몸과 마음을 바쳐 충성을 다할 것을 굳게 다짐합니다." 어린 학생들에게 이런 '맹세'를 시키는 행동 자체도 납득하기 어렵지만, 어쨌건 위의 옛 '국기에 대한 경례'를 들여다 보면 '조국祖國', '민족民族'이란 단어가 눈에 띈다. 이를 보면 우리의 국가란 개념 안에는 '가족'의 개념도 들어가 있음을 확인할 수 있다. 그래, 우린 한 가족인 것이다. 앞집 사는 영희와 뒷집 사는 철수도, 부산 사는 사람과 인천 사는 나도 '대한민국'이란 이름의 가족이다. 단지 이 땅에 태어났다는 이유로 우린 또 하나의 가족이다.

가족애가 더 깊어진 것일까? 최근의 20대들은 국가에 대해서는 유독 저항하지 않는다. 하긴, 반항해도 소용없다는 것은 뼈저리게 느끼고 있다. 지난 2008년 여름, 대통령 아빠가 불량식품을 한 아름 사 와서 '값싸고 안전한 식품'이라며 먹으라고 했을 때 한번 대들어 봤지만 돌아온 것은 몽둥이와 물대포, 싸가지 없는 놈이라는 깨방정 소문뿐이다. 그리고 우리가 대들었을 때 뒷산에 올라가서 뼈저린 반성을 했다는 대통령 아빠는, 질 좋은 고기까지 들여왔는데 '오해'한 니들이 잘못이라고 갑자기 반성문을 써 내라며 사람들을 구속하고, 촛불집회를 폄하하고 있다.

다른 세대와 특별히 다른지는 모르겠으나, 20대는 꽤나 애매모호한 국가관을 가지고 있다. 자기 자신의 이익과 결부될 경우 '국가'란 개념에 대해 언제든지 쿨한 척 하지만, 누군가 국가를 모독하면 눈에 쌍심지를 켜고 댓글을 단다. '공동체의 안위감' 같은 느낌일 텐데, 사실은 우리들을 이런 사막 한가운데 던져 놓은 주범 중 하나가 바로 그 국가다. 그러나 우리는 그 공동체 속에서 저항하지 않는다. 이 사막을 조성한 것은 국가이나, 정작 이 사막에 사는 사람들은 여기를 빠져나가지 못하는 것이 자기 탓이라고 생각한다.

대한민국에서 살아온 사람들이 아무런 저항 없이 살았던 것은 아니다. 이승만 독재 때, 군부독재 때, 분연히 일어난 사람들이 우리 조부모님 세대, 부모님 세대, 삼촌 세대다. 그런데 지금의 20대들은 분노를 한다 해도 저항보다 순응을 택한다. 그리고 순응하지 못하는 자에 대해서는 '루저', 즉 '패배자'라는 딱지를 붙인다. 그들에게 부모가 저항의 대상이 아닌 것처럼, 이 국가와 사회 역시 저항의 대상이 아니다. 즉 비정규직이 확산돼도, 그래서 나 자신이 비정규직이 되어도, 혹은 해고자가 되어도 그 지탄의 대상은 '국가'가 아닌 '내'가 되는 것이다.

30대인 선배 A는, 어느 날 해고 통보를 받았다. "○○○ 씨. 이거 참 미안하게 되었는데, 내일부터 나오지 말았으면 해"라는 일방적 통보. 그런데도 그는 "네"라고 대답할 수밖에 없었다고 한다. 그 이유는 '자책' 때문이다.

"그거 부당해고잖아, 이유도 없대?"라는 질문에 "어차피 비정규직이라 뭐, 어쩌겠어? 다 내가 부족한 탓이야"라며 '쿨하게' 답했다. 자신이 비정규직이 된 것은 대학 때 스펙 관리를 제대로 못했기 때문이며, 부당해고를 당한 것은 자신의 능력이 부족했기 때문이며, 비정규직으로 근무해서 실업수당도 받지 못하는 것 또한 자신의 문제라는 것이다. "그게 아니지, 다 똑같은 국민인데, 정규직은 실업수당 주고 비정규직은 안 주는 게 어디 있어? 이거 완전 불공평한 거잖아?"라며 대신 불평하자 "그도 그렇다"면서도 "그래도 어차피 경쟁이니까. 경쟁에서 밀려난 건 나잖아. 더 열심히 공부해서 좋은 회사 들어가야지 뭐"라고 체념하다.

"남의 일도 아니고 '자기 일'인데 어쩜 그렇게 쿨할 수 있냐? 형도 월급 받으면 꼬박꼬박 세금 내지 않았냐?"고 해 봐야 소용없었다. 그는 국가에 책임을 돌리는 것을 의아해 했고, 국가에 저항해 봤자 '패배자'라는 낙인밖에 더 찍히겠냐는 것이다. "그래서 뭘 하라고? 데모하라고? 그렇게 찍히면 앞으로 취업도 안 될걸?"

국가의 이른바 '노동유연화' 정책 때문에 비정규직이 이렇게 많아졌고, 같은 일을 하면서도 받는 돈에 차이가 나는, 그야말로 불공평한 상황이 발생하고 있다. S그룹에서 일을 하면서, 왜 월급은 A아웃소싱에서 받아야 하며, 왜 A아웃소싱에 자신의 월급 일부를 바쳐야 하는가? 이 모두 잘못된 정책이 빚어낸 결과다. 하지만 자신이 겪는 부당한 일들을 국가가 아닌, 거기에 적응하지 못한 자기 잘못으로 돌려 버린다.

대학생 B는 이번 학기 등록금을 4백만 원 넘게 납부해야 할 처지에 놓였다. 매년 등록금은 천정부지로 치솟는데, 국가는 아무런 대책이 없다. 법안을 만드는 그분들이 대부분 사학재단과 연계되어 있는 상황에서, 자신의 이익에 부합하지 않는 '등록금 인하'를 법안으로 채택할 리가 없다. 얼마 전에 통과된 '등록금 상한제'도 인상은 하되, 그 인상률을 물가인상률 수준으로 줄이자는 것 정도 아닌가? 하늘 무서운 줄 모르고 뛰는 등록금에 청년들이 신용불량자가 될 처지에서 국가의 개입이 절실하지만, 국가는 전혀 그럴 생각이 없다. '반값등록금'도 쿨하게 "뻥이야!"라고 말하는 대통령이 있는 이상, 앞으로도 가

능성은 없다.

그럼에도 B는 아르바이트만 열심히 하고 있다. 현실이기 때문에 아르바이트를 하는 것을 탓할 수는 없겠지만, 등록금에 대한 불만이 있어도 이에 저항할 의지는 없다. 등록금 쓰나미에 몸으로 부딪히는 사람들도 이런데, 부모님의 도움으로 등록금을 내는 사람들이 등록금에 대해 저항할 의식이 있겠는가? 안타까운 마음에 "총장실에 계란 하나 안 던지냐"고 물어본 적이 있다. 그러자 "데모하면 안 좋아"라는 대답이 돌아온다. "아니, 등록금이 이제 낼 수가 없는 수준이잖아. 그럼 인하하도록 압박을 하든가, 죽을힘을 다해 등록금 인상 막겠다는 총학생회를 찍어 주든가, 방법이 있잖아"라고 물어보자 돌아온 건 "귀찮아"라는 답이다. '하긴, 나라도 그럴 수 있을까?' 나 역시 자문해 볼 수밖에 없다.

20대들에게는 경쟁이 당연하게 받아들여지고, 경쟁에서 낙오한 사람은 '패배자'일 뿐이다. 나아가 이런 생각이 "게으른 '패배자'를 위해 '승자'가 나눠야 할 이유는 없다"로 넘어간다. 아이티 지진 같은 안타까운 일에는 내 돈을 기부할 수 있는 '대인배'가 될 수야 있지만, 근본적으로 게으른 그들이 자립하는 데 내 돈이 들어가는 것은 '형평성에 맞지 않다'고 생각한다. 정말 슬픈 것은 그런 생각을 갖고 있는 그 자신이 비정규직이고 백수, 즉 그들이 생각하는 '패배자'라는 점이다.

그들이 사회에서 여론 주도층이 되면, 양극화의 가속도는 더욱 커질 것이다. '데모' 얘기만 하면 "나 그런 거 안 해요!"라고 기겁하는 후배들을 보면서, 순응의 농도도 더 짙어지는 걸 느낀다. 모여서 얘기나 해 보자는 세미나 같은 것도 그들에게는 굉장히 부담스러운 행위다. 선배들이 "그래도 예전엔 운동권 아닌 사람들은 운동권에 대한 '부채감'이라도 있었는데"라며 입맛을 다시곤 했는데, 그것도 옛날이야기일 뿐이다.

"국가가 나한테 해준 게 뭐가 있냐!"며 "1등만 기억하는 더러운 세상"에 살고 있는, 이리 치이고 저리 눌리는 20대들은 국가에 좀 더 '싸가지 없게' 대할 필요가 있다. 공동체 의식은 당연히 존중하되, 대통령 아빠, 한나라당 엄마가 나에게 적은 돈을 주면서(OECD 비정규직 비율 최고 수준) 많은 일을 시킨다면 (OECD 노동시간 최장) "이거 정말 내가 친아들 맞나?"라고 의심해 볼 일이다. 그건 OECD 국가들과 비교했을 때 그렇다고? 이미 OECD에 가입할 만한 수준이기에 가입했던 것 아닌가?

그런데도 이거 '악' 소리 한 번 내기 힘들다. 2008년 촛불집회 같은 것은 기적에 가깝다. 이렇게 국가가 정해 주는 길을 따라가면서도 '이 길이 아닌게벼'라는 생각조차 하기가 어렵다. 그건 아마도 '맛'을 못 봐서 그럴 것이다. 예전부터 지금까지 그렇게 살아왔으니까. 노동유연화하면 내가 유연해져야 하고, 학교 급식 돈 내고 먹어야 하면 내가 돈을 많이 벌면 된다고, 그렇게 살아왔던 것 아니던가?

그런데 뭔가 맛이 하나 느껴지기 시작했다. '무상급식'이 그렇다. 예전에는 꿈도 못 꾸던 것이, 이제는 실제로 가능할 수도 있다는 희망을 품게 했다. 이것 참 좋은 징조 같다.

아픈 사람은 병원에 가야 하고, 병원에 가면 사람 목숨을 구해주는 것이 먼저다. 그런데 우리나라에서는 당장 오늘내일 하는 사람에게 "보호자 찾아오세요"라고, 혹은 "얼마입니다"라고 말하는 것이 상식이다 누구나 교육은 공평하게 받아야 한다. 그런데 우리나라에서는 교육을 받으려면 돈이 있어야 한다. 이게 상식이다.

이 상식은 바로 '조국'이 만들어 놓은 것이다. 우리 조국, 정확히 이 정권들, 더 올라가면 왕조의 지배자들까지. 우리가 힘이 있어서 가입했다는 OECD의 다른 많은 나라들은 그렇지 않다. 아프면 치료받고, 배우고 싶으면 배우는 것이 상식이다. 그것 역시 그들의 조국이 만들어 놓은 길이다. 물론 그 조국이 그런 길을 만들도록 압박하고 감시한 것은, 바로 그 국민들이다.

달려라 레지스탕스

새는 알을 깨고 나와야 한다. 알을 깨지 못하면 그것은 새가 아니다. 그 작은 생명체가 딱딱한 알을 깬다는 것이 생각보다 여간 만만하지가 않을 것이다. 그래도 그 작은 새들은 결국 알을 깨고 나와 사방팔방 날아다닌다. 그런데 알에 누가 시멘트를 부어 놨다. 누가 이따위 짓을 해 대면 새는 알을 깨지 못한다. 그러다 누군가 외부에서 망치로 알을 '깨부수면' 새는 죽거나 제대로 날지 못한다. 지금의 20대가 그렇다.

몇십 년 전, 보통 스무 살 전후가 되면 잔혹할 정도로 집에서 내팽개침(?) 당했던 우리 부모님들은 과거의 기억에 분루를 삼키며, 자기 자식만은 반드시 곱디고운 유정란으로 만들겠다는 계획을 세운 뒤, 알 속에 무차별적인 영양소를 공급하고 적당한 때가 왔을 때 인공부화를 시킨다. 그렇게 나온 새들은 튼실해 보일지는 모르겠으나 정작 나는 방법을 모른다.

우리네 부모님들은 그랬다. 일부 부잣집 자식, 혹은 가난하더라도 소 팔아 대학 다니는 3대 독자 외아들을 제외하고는, 보통 스무 살 남짓해 노동자 생활을 시작했다. TV에나 나올 법한 귀한 아드님이나 따님 정도만이 부모님 등쌀에 삶이 규정되었을 뿐. 이른바 '70년대 산업역군'들은 자신의 생계와 삶의 방식에 대해 비록 자본주의적이지만 최소한의 선택권은 가질 수 있었다. 오히려 20대였던 우리네 부모님들은 시골에 있는 조부모님들의 생계를 챙겨야 했고 혹은 아직 성인이 되지 못한 동생들의 생계에 무거운 책임이 부과되었다. 그래서 부모에 의해 삶이 규정되는 경우는 흔치 않았다. 우리 부모님들은 그것을 '고난과 역경'이라고 부르지만.

그런데 당시의 20대들이 부모가 되면서 상황이 달라졌다. 집이 생기고, 차가 생기고, 아이는 한 명이나 두 명만 낳았다. 부모님들은 한국형 열공 자본주의가 크게 성장하면서 '대졸'에 대한 상실감을 느꼈고, 지금의 20대들에게 그러한 '고난과 역경'을 다시 겪게 하고 싶지 않았다. 덕분에 우리 세대는 풍족한 소비생활을 누릴 수 있었고, 온실 속에서 자랄 수 있었다. 그런데 부작용이 생겼다. 지금의 20대들은 30대가 되더라도 '결혼'이라는 외부 환경의 변화가 아니라면 부모님의 품조차 떠나기 어려워진 것이다. 심한 경우 부모에 의해 삶의 방향이 정해지기도 한다.

　농촌을 떠나 경험적으로 산업화, 자본주의화 된 부모님의 삶 속에서 아이들의 삶도 자본주의적 삶으로 규정되고, 여기에서 아이들의 '다른 삶'을 향한 자발적 결정이 개입될 여지가 사라진다. 부모님은 "우리 아들은 무엇을 하고 싶니?"보다, "우리 아들은 커서 의사가 되어야 해(10대 초반)" "의사…가 어렵구나, 그래도 좋은 대학을 가야 해(10대 중후반)" "비…, 비록 좋은 대학은 아니지만 대기업에 가기 위해 열심히 노력해야 해(20대 초중반)"라는 선을 제시한다. 그리고 아이들은 그에 따른다. 스스로 알을 깰 수 있는 힘도, 그럴 여건도 안 되는 만큼 부모의 시야를 벗어나는 그 어떤 것을 찾지 못한 탓이다. 알을 외부적 충격으로 깨고 나와도, 나이를 먹어도 자기 삶의 길을 좀처럼 찾지 못하는 현상이 벌어지는 것이다.

　이는 부모님의 잘못도 우리의 잘못도 아니다. 꽤나 많은 사람들이 이렇게 살아간다면, 그 사회가 잘못된 것일 테다. 그렇다고 "음, 우리의 잘못이 아니군"이라며 그냥 살아갈 수는 없다. 언제까지 부모님 눈치를 보면서 국가가 정해 준 몇 가지 꿈 중에 내 꿈을 선택할 수는 없는 노릇이다. 그렇다면? 사막행 열차를 탑승하지 않으면 된다. 그게 자신이 없거든, 표 끊는 거라도 자신이 해야 할 것이다. 행선지를 직접 찾아보고, 직접 정해야 한다. 그래야 다른 목적지를 볼 수 있는 가능성도 그만큼 높아질 것이다. 그리고 이 사막 안에서라도 행복해질 수 있을 것이다.

물론 '알을 깨는 과정'은 고통이 수반된다. 나는 그 과정을 꽤나 잘 알고 있다. 내 스스로가 알을 깨고 나왔기 때문은 아니다. 여기서 하나의 사족으로 내 누나의 20대를 얘기하고 싶다. 누나가 알을 깨고 나오는 과정을 지켜봐 왔기 때문이다. 그 과정을 본 후, 나는 부모님의 틈바구니에서 고민에 빠진 후배들에게 늘 내 누나의 얘기를 한다. 그의 인생이 더없이 완벽하기 때문은 아니다. 다만, 그가 스스로 길을 찾은 과정이, 지금의 20대들에게 시사점이 있기 때문이다.

조짐(?)은 13년 전, 누나가 고등학교를 졸업하자마자 모 대기업 사원으로 입사하면서부터 시작된다. 물론 지금처럼 '공채'의 방식은 아니다. 상고를 나와 이른바 '경리' 단계부터 시작한 것이니, 그래도 그때는 상고를 나와도 그게 가능했다(만약 지금 상고를 나오면 그게 가능할까? 불가능하다면 그만큼 사막의 깊이가 깊어졌다는 뜻일 게다). 부모님은 당연히 딸이 이름 있는 대기업에서 적게나마 안정적인 수입으로 돈을 벌다가 시집을 가서 조만간 손주 아이 하나 부모님께 떡 안겨드리는 훈훈한 풍경을 생각하고 있었다. 그런데 누나의 생각은 달랐다(물론 결혼을 하고 아이 낳고 사는 것이 불행한 삶이라는 건 절대 아니다).

저항은 스무 살 때 시작되었다. 당시 고1 무렵인 나는 "나 사춘기야"라고 부르짖었지만 종일 벌어지는 부모님과 누나의 전쟁에 소수의견으로 취급, 묵살되었다. 그 시점부터는 그야말로 하루가 멀다 하고 총성 없는 전쟁이 이어졌다. 초반은 압도적 화력을 앞세운 부모님에게 유리한 판세로 진행되었다. 부모님은 밤마다 늦게 들어오는 누나에게 화도 내 보고, 달래도 보고, 술도 먹여 봤다. 그야말로 부모님이 할 수 있는 온갖 방법을 총동원했지만, 낙동강 전선을 눈앞에 두고 "회사를 그만두고 컴퓨터 관련업에 종사하고 싶다" "독립해서 살고 싶다"는 누나를 함락하는 데는 실패했다.

부모님도 만만치 않았고(하긴, 어느 부모님이 쉽게 포기하겠나?) 이 전쟁은 약 5년간 이어졌다. 누나 역시 설득과 공격을 병행하는 레지스탕스 운동을 벌이며 저항을 이어갔고, 결국 불리하던 판세는 비밀리에 '서울 상륙작전'을 펼친 누나의 공격에 단박에 역전되었다. 부모님은 결국 누나가 알을 깨고 나오는 장면을 지켜봤고 누나는 초반에 고시원 생활의 어려움을 겪으면서도 결국 '자신의 길'을 찾아냈다. 이 장황한 전투를 한 줄로 요약하자면, 잘 다니던 회사 집어치우고 집을 나가 고시원에서 기거하며 최저임금 비정규직이 된 것이다.

지금은? 정전-평화협정 7년 후, 누나는 하고 싶은 일을 하고 있다. 나름 잘 살고, 자신이 번 돈으로 여행을 다니면서 인생을 즐기고 있다. 최근에는 저 멀리 도미니카 공화국까지 가서 프리랜서 프로그래머로 활동했다. 그리고 누나가 거기 있는 덕분에 우리 부모님은 남매의 좌우합작으로(물론 소득수준에 따라 불균등한) 무려 40시간 넘게 비행기를 타고, 아이티 지진 전까지 생소하기만 했던 도미니카 공화국이란 곳도 여행하셨다. 만약 누나의 삶이, 누구에게 제약을 받는 것이었다면 이런 것들이 가능했을지 모르겠다.

그의 저항 덕에 난 손도 안 대고 코 풀었다. 잘 뵈지는 않지만 그래도 집에는 어떻게든 들어오는 아들에 대한 부모님의 통제와 간섭은 거의 없다. 나는 내 신념과 꿈에 따라 직장을 선택했고, 저임금을 받고 있지만 부모님은 내 미래에 대해 신뢰를 보내 주고 계신다. 한 번 스스로 알을 뚫고 나온 새끼새를 본 부모새는 또 다른 알 역시 스스로 깨어 나올 수 있음을 믿을 수 있는 것이다.

그의 사례뿐만 아니다. 부모님의 틈에서 벗어나 스스로의 길을 가고 있는 사람들은 꽤나 많다. 그들이 돈을 잘 벌든 잘 못 벌든 그런 기준을 떠나 그들은 적어도 혼자 이 젠장맞을 세상을 '즐겁게' 살아가는 법을 아는 사람들이다. 적어도 자신이 해야 할 일을 스스로 선택하고 사랑하는 사람은 자신이 택한다.

반면 "저항하지 못하겠다"는 항복 선언도 여기저기서 들려온다. '사랑하는 사람'조차 부모님의 눈치를 보는 사람들이 꽤나 많다. 부모님이 제시하는 삶이 행복해서 그럴 수도 있고, 무서워서 그럴 수도 있다. 어차피 그 역시 스스로의 판단일 것이다. 물론 부모님의 의견은 존중할 가치가 분명히 있지만. 뭐 무엇이 효도인지는 알아서 판단해야 하겠지만, 그래도 자식이기는 부모 없다는 말은 만고불변의 진리다. 오히려 정작 알을 깨고 나오면 또 가장 든든한 후원자가 부모님이 될 수도 있다.

T자 코스, S자 코스를 따라다니는 장내 시험도 재미있을 수 있다. 그런데 사실 더 재미있는 것이 도로주행이 아니던가. 결국 이 사막에서 빠져나갈 수 있는 길을 만들고 설계하는 것도 자기 자신이지 않겠는가?

 사막에서 사회생활 하기

세상에서 회식이 제일 싫어요

"난 세상에서 술 먹는 게 제일 싫어."
"그럼 넌 여기서 왜 나랑 술을 먹고 있는 거냐?"
"회사에서 먹는 술 말이야!"

난 회식이 좋다. 빈곤한 심신에 맛난 것 마음껏 먹을 수 있고, 술 먹고 떡실신까지 할 수 있는 좋은 기회니까. 나 같은 사람도 물론 있을 것이다. 그런데 '어른들'이 생각하는 것보다 회식자리를 기피하는 20대가 상당히 많다. 이거 왜 이럴까?
아까도 말했지만 나의 경우 지금 회사에서는 딱히 회식이 싫거나 부담스러운 적은 없었다. 그런데 원래부터 그렇진 않았다. 이전 직장 다닐 때는 나 역시 세상에서 회식이 제일 싫었다. 아니, 굳이 회식이 아니더라도, 직장 상사와 술을 먹는 것, 심지어 밥을 먹는 것조차 너무 싫었다. 이렇게 회식자리가 싫은 가장 큰 이유는 자기 개인의 시간에 일하는 시간이 침범하기 때문이다. 업무에서의 관계가 회사 밖 회식자리까지 유지된다. 그러니 눈치 보기 싫어서, 혹은 그 자리에 있는 것 자체가 너무 짜증 나서 아예 안 가는 경우도 꽤나 많이 봤다.

내 전 직장에서는 술 먹으러 가면 이등병 마냥, 쓰다듬으면 쓰다듬는 대로, 칭찬하면 아무런 감흥이 없어도 "감사합니다"

라고 했다. 욕을 해도 "감사합니다" 해야 했고, 상사가 내 생각과 다른 생각을 말해도, 무조건 "네네, 옳습죠, 네네" 해야 했다. 사회생활 초년생이 뭐 아는 게 있고, 또 무슨 힘이 있었겠나?

회사에는 이런 사람도, 저런 사람도 있다. 술을 좋아하는 사람도 있을 것이고, 술을 한 잔도 못 먹는 사람도 있을 것이다. 술은 싫어해도 안주는 좋아하는 그런……, 그런 사람도 있을 것이다. 그런데 회사는 이런저런 사람들을 모두 모아 조물조물 하나로 만들려 한다. '단합'이 회식의 목적이다. 그러니 회사 밖에 나와서도 공적 관계를 유지해야 하고, 그래서 회사의 술자리가 답답하고 짜증 난다.

특히나 연말이 되면 노이로제에 걸리는 친구들이 꽤 많다. 술을 싫어해도 회사에서 술 먹으러 가자면 억지로 먹어야 한다. '단결' 앞에서 개인의 취향은 깨끗이 무시된다. 그리고 "이것이 사회생활"이라며 대수롭지 않게 취급된다. 그러다 보니 회식 가기 싫고, 그렇다고 안 가면 다음날 하필 내 책상 앞에서 들으란 듯이 회식 이야기를 늘어놓는다. 전날 오바이트 하고 그 위를 뒹굴었다며 떠드는 동료들의 무용담을 듣다 보면 왠지 나만 멀어지는 것 같고, 결국 출근하는 자체가 싫어진다.

작은 회사에 경리로 일하고 있는 내 동갑내기 A는 연말 회식이 무척이나 짜증 난다.

"이런 젠장할, 이 아름다운 연말에 칙칙한 아저씨들이랑 술 마시고 싶겠냐? 그 사람들은 가족도 없나?"

"연말에 다들 바쁜 거 알면서 고작 며칠 전에 날짜 잡아 놓고, 개인 사정은 상관없이 '그날은 송년회니 무조건 참석해야 한다'고 으름장 놓고. 아니 회식이 회사 일의 연장선이라면, 일과시간 중에 가야 하는 거 아냐? 일 다 끝나면 그건 내 시간이잖아. 그런데 야근수당도 없이 무조건 참석하라고 하고. 그래 놓고 다음날 쉬는 것도 아니잖아?"

"술 먹을 때 편한 분위기도 아냐. 배 나온 아저씨들이 (- 배 나온 걸로 뭐라 하는 거 아냐~) 시끄럽고, 어쨌건 거만하게 앉아서 '김양아 이리 와서 술 한 잔 따라 봐라'며 슬슬 짜증을 돋우더니, '여기까지 와서 한 잔도 안 하냐'며 억지로 술 먹여 놓고 은근슬쩍 몸에 손대고. 그렇게 죽어라 마시게 해 놓고, 다음날 힘들어 하면 요즘 애들은 의지박약이라며 뭐라 하고. 자기들은 젊을 때 이러지 않았네, 정신력으로 버텨야 하네 이러고. 그러니 가고 싶겠냐?"

그래, 본질은 그렇다. 자리의 구성이 강제고, 자리의 행위가 강제된다. 즉 회식 문화가 수직적이고 권위적이다. 내가 회사를 옮기고 난 후 비교적 회식이 싫지 않았던 것은, 좌파매체라는 이 회사의 회식 분위기가 그래도 내가 감당할 수 있을 만큼 수평적이기 때문이다. 적어도 내 생각을 말한다고 "얌마, 어디 어른이 말씀하시는데"라고 말하는 사람도 없고, 술 안 마신다고 "다들 술잔 들었는데, 자네 왜 그러나"라고 꾸짖는 사람도 없다. 2차 안 가고 집에 간다고 "완전 빠졌구만"이라고 말하는 사람도 없고 오늘은 회식 빠진다고 하면 "사회생활이 우스워?"라고 말하는 사람도 없다. 그러니 회식, 재밌고 할 만하다.

반면 대부분의 직장은 그렇지 않다. 심지어 "술은 여자가 따라야 제맛" "옆에 와서 앉아 봐" 이런 따위의 얘기들도 회식자리를 핑계 삼아 간간이 나온다. CF에서는 주인공이 보지도 않는 상사 옆에서 "당신을 향한 나의 사랑은 특급사랑이야~" 노래를 부르다 무릎 꿇고 술 따르고, 그것이 마치 '정말 사회생활 열심히 하는 우리 시대의 아버지'인 것처럼 포장돼서 안방에 전해진다. 수직적 회식 문화에 대한 문제제기는 없이.

그렇게 구성된 회식자리에서 늘 외친다. '우리는 하나'라고. 그런데 '하나'를 외치면 '하나'가 되나? 그리고 '하나'가 된다고 무엇이 더 좋아지는가? 만약 그 하나가 다양한 개성들을 담아내는 하나라면 정말 좋은 의미일지도 모르겠다. 그러나 우리 기업문화에서 '하나'라는 개념은 사장부터 말단 직원까지 위아래 서열로 세우는 그냥 '1'자에 지나지 않는다.

정말 그들이 얘기하는 하나가 '너와 나, 우리 모두의 동질감'을 의미하겠는가? 노동자들을 정규직과 비정규직으로 '둘'로 분리한 것은 기업이다. 2009년 여름 쌍용자동차는 해고자와 비해고자를 나누었다. 이들이라고 예전 술자리에서 '우리는 하나'라고 외치지 않았겠나?

또한 회사 상사들이 후배들과 하나가 되길 바란다면 최소한 그들을 인격적으로 대해야 한다. 자신이 평소 직원들에게 준 모멸감과 스트레스는 기억도 못하고 "회식자리에서 날려 버리라"며 폭탄주 한 잔 말아 들고 원샷을 외쳐 봐야 기만과 가식일 뿐이다. 쿨해 보이는 그의 곁에서 싹싹하게 술 따르고 안주 집어 주는 직원들은 더 큰 모멸감과 스트레스에 빠진다.

인간을 인격적으로 대하는 것은 그야말로 기본 중의 기본이다. 경우에 따라 업무 능력에 실망감을 표출할 수도 있겠지만, 그 불만이 인격적인 선을 넘어서는 안 된다. 그런데 왜 많은 우리나라 상사들은 그 선을 지키지 못하는 걸까. 아직 상사가 되어 보지 않아서 잘 모르겠지만, '착한 상사'까지는 아니더라도 '술 한잔하고 싶은 상사' 정도는 되기 어렵지 않을 것 같은데. 누군가 "사무실에서도 진상인 사람이 회식자리에서도 진상"이라 했다. '사무실에서의 매너가 회식자리에서의 매너'라는 것이다. 맞는 말 아닌가?

직장 상사들에게는 안타까운 일이지만 이미 20대들은 상당히 개인화되어 있다. 어른들이 살아왔던 방식과 달리, 가족과 친구들을 팽개치고 '무조건 회사'에 열광하는 사람은 거의 없다. 그렇다고 그것을 두고 "20대, 너희가 문제야"라고 탓할 것도 아니다. 개인화를 조장하는 물건을 만들어 10대와 20대에게 팔아먹은 것도 이 사회고, 구조조정이니 명예퇴직이니 하면서 "무조건 회사, 하는 것은 참 바보 같은 짓이야"라고 충고해 온 것도 이 사회다. 멋대로 자르고 함부로 비정규직을 쓰는 그런 회사를, 노동자들이 어떻게 믿고 충성한단 말인가?

그런 20대들에게 호랑이 담배 피던 시절 생각하며 "무조건 집합" "단체로 원샷"을 외쳐 봐야 싫은 티밖에 더 내겠는가? 상사님들은 "요즘 애들은 회식하자고 해도 다 집에 가고, 예전과는 달라"라고 푸념하지만, 과연 그것이 단순히 '요즘 애들'인 탓일까?

어쨌든 오늘도 수많은 20대들이 회식자리에 간다. 그것이 사회생활인 것을 알고, 그래야 이 직장에서 살아남는다는 것을 몸으로 체득해 왔기 때문이다. 그리고 20대 그 자신도 직장 상사가 된다. 그리고 그때의 20대들에게 "술 한 잔 따라 봐"를 외칠 것이다. 시간은 돌고돌고, 바뀌는 것은 아무것도 없다. 봄 여름 가을 겨울, 그렇게 반복될 뿐.

기왕 해야 하는 회식이라면 우리 한번 쌈박하게 놀아 보자. 회사 안에서는 어렵더라도, 회식에서는 사장과 말단 직원이 툭

터놓고 얘기해 볼 수 있는 것 아닌가? 이 회사가 어떻게 나아가야 하는지, 어떻게 살아 봐야 할지, 일방적인 강의가 아닌 토론을 해 볼 수 있는 것이다. 또 애초부터, '이번 회식엔 뭐할까?'를 주제로 이야기해 볼 수도 있다. 〈장군의 아들〉의 하야시처럼, 아랫사람들 서열대로 쭉 앉혀 놓고 먹어야 회식은 아니지 않은가? '딸랑딸랑'하는 술자리, '부장님' 넣어 부르는 노래방이 아니라 맞술, 맞담배 하며 회사 밖에서의 만남 자체를 즐겨 보는 거다. 그리고 회식이 업무의 연장이라면, 업무 시간에 가는 게 맞다.

"위하여!" 뭘 위하나? "지화자!" 돌아보자, 누가 신나 있는지.

남자는 제대한 적 없다

"도대체, 군대가 지금의 20대랑 무슨 상관이야?"라고 말할 사람도 있을 것이다. 그렇다. 군대는 20대들이 주로 다녀오는 곳이지만, 이전에도 있어 왔고, 앞으로도(이왕이면 앞으로는 없어지면 좋겠지만) 있을 테니까. 즉, 대한민국 사회를 설명함에 있어 군대는 변수가 아닌 상수다.

군대 얘기 꺼내는 것을 고민했던 이유는 하나 더 있다. 이

'대한민국'에서 군대를 건드리는 것은 휘발유에 목욕재계를 한 뒤 불구덩이 속으로 뛰어드는 격이다. 일단 군대 얘기를 하기 위해서는 본인의 군번부터 까야 하는(군번이 낮으면 쌈도 안 되는, 군번이 없으면 자격도 상실하는) 대한민국의 현실에서 군대를 걸고넘어진다? 이거 자살행위다.

하지만 오히려 그렇기 때문에 '20대 생태보고서', 그중 '사막에서 사회생활 하기'에는 좀 뜬금없더라도 군대 얘기가 반드시 필요할 것이라 생각했다. 세상은 참 빠르게도 변해 가는데 '젊을 때 사서 고생'이라는 말로 정당화되는, 20대에게 비교적 가혹한 사회생활 문화는 바뀔 조짐이 없다. 20대 스스로도 이 사회에서 겪는 여러 가지 모순에 대해 유야무야, 그냥 소주 한잔으로 털어 넘기려는 모습들을 보이고 있다. 이러한 현상들의 모태가 군대문화에 있다. 특히나 이 땅의 남성들은 제대를 한 다음에도 속한 조직에서 평생 군대의 향기를 느껴야 한다. 남자는 평생 제대하지 않는다.

앞서 지적했듯, 이것은 꼭 20대의 문제는 아니다. 하지만 '군대문화'를 제외한 사회의 변화 속도는 상당하다. 군대문화가 좋아지고 있다고는 하지만 '상명하복'을 그 핵심으로 놓고 보면, 분명 군대문화는 변한 것이 없다. 그리고 그 문화는 이 사회 곳곳에 잠복해 있다. 각종 변수가 있음에도 도출되는 값이 잘 변하지 않는다면 상수를 의심해 보아야 한다. 만약 사회가 의도적으로 어떠한 상수에 대해 일종의 '신성불가침' 영역임을 선언한다면, 이 사회를 뭔가 바꿔 봐야겠다고 생각했을 때 가장 먼저 건드려야 하는 것이 이 상수 아니겠는가. 그리고 이는 앞으로 내가 하려는 얘기들의 핵심이기도 하다.

장면 #1. 20대 대학생들의 놀이, '사발식'

이거 점점 없어진다고는 하지만, 아직도 알게 모르게 하는 곳 많을 것이다. 얼마 전만 해도 선배들이 '싸가지 없다'는 이유로 몸이 약한 후배에게 술을 먹여, 그 학생이 죽는 비극이 일어나지 않았던가? 나 역시 대학교에 입학하자마자 막걸리 두 통이 들어가는 냉면 그릇 하나를 '남자'라는 이유로 원샷 해야 했고, "너 잘 먹는다"는 이유로, 차마 다 마시지 못하고 급 '빈대떡' 부쳐 버린 동기의 새로운 한 잔도 내가 원샷 해야 했다. 먹기 싫어도 "감사히 잘 먹겠습니다" 하며.

나중에 이들이 '신자유주의' 운운하며 분개하고, '이 더럽고 썩어 빠진 세상을 뒤바꾸자'는 말을 했을 때, 개인적으로 이들을 대상으로 군대 유격조교가 되어 보고 싶기도 했다. '권위주의 정권' 운운할 때는 내가 막걸리 네 통을 원샷 하고 차마 부치지 못한 빈대떡(?)이 생각났으며, 그들이 '세상을 변혁해야 한다'고 할 때는 저들이 만들려는 세상은 정말 어떤 세상인지,

겁이 났다.

이 장면은 이 나라에 군대문화라는 것이 어디까지 파고들어 가 있는지 보여주는 가장 분명한 모습이 아닌가 한다. 그래, 소위 '진보'라는 자들의 머릿속에도 군대 습성은 박혀 있다. 그리고 동원예비군까지 끝나고 이제 향토예비군으로 전환한 나는? 솔직히 나 역시 그런 것 없다고 자신하지 못하겠다.

사막에서 사회생활 하기

장면 #2. 회식자리의 내무실 풍경

(예문) 왕고는 사람 좋은 웃음을 터트리지만, 정작 상병에게는 '요즘 애들이 빠졌구만'이란 기운을 내뿜는다. 상병은 왕고에게 살살거리면서 일병과 이병에게 "어서 왕고에게 술을 따르라" "이것들이 빠져서는, 거기서 니들끼리 노가리 까고 있냐? 와서 고참들과 얘기 좀 하라"며 으르렁거리고 갈굼의 눈초리를 날려 댄다.

경험이 좀 있는 일병은 눈치 빠르게 "시정하겠습니다"를 외치고 술자리 심부름에 나선다. 어리바리 이등병은 뭐가 뭔지도 모른 채 상병의 손에 이끌려 왕고 옆에 각 잡고 앉아 왕고가 의도적으로 던지는 농담과, 진지한(혹은 과도한) 세태 걱정에 대해 '네' 혹은 '아닙니다' 딱 두 단어로 약 세 시간의 피곤한 회식 시간을 보낸다.

(문제) 다음 예시에서 앞의 항목을 뒤의 항목으로 바꾼 뒤 그 차이점을 찾으시오.

① 이등병＝신입사원　② 일병＝대리
③ 상병＝과장　　　　④ 왕고＝부장 혹은 사장

장면 #3. 실질적으로 대입해 봅시다

한 후배 녀석의 아는 형은 회식 3차 자리에서 부장님 심기를 한번 잘못 건드렸다(농담을 농담으로 받았는데 굳어지는 그의 얼굴). 그리고 과장한테 까인 대리에게 동기들이 싸그리 끌려가 그야말로 '개갈굼'을 당했다고 한다. 물론 '개갈굼'의 정도가 설마 군대의 그것과 같겠냐마는, 단순히 말실수 혹은 농담 한 번에 '집합'으로 이어지는 것은 남자들에게 웬일인지 낯설지가 않다(이 사람은 후배 녀석에게 '여성 직원 없이, 남성 직원끼리는 3차를 절대 가지 말라'며 진심어린 조언을 했다고 한다).

위의 얘기는 사실 극단적인 사례라 할 수 있다. 요즘은 직원들이 작정하고 상사를 약 올리는 회식도 많고 보통 상사들도 허허허 넘겨 버리는 경우가 많으니까. 그런데 굳이 회식까지 안 가더라도 '일을 하는 과정'을 놓고 보면, 이 사회에 잠복해 있는 군대문화는 더욱 노골적으로 드러난다.

'일'이란 것을 할 때는 진보고 뭐고 없이, '군대 개념'이 '가장 효율적'으로 회사를 컨트롤하는 장치로 차용된다. '상명하복'은 상사에게 가장 효율적인 제도이며, '갈굼'은 머리에 피도 안 마른 어린 사원들에게 자신의 의지를 관철시키기 위한 가장 효과적인 방식이다.

"아냐, 이건 이런 방식으로 해 보는 게 어떨까?"보다는 "왜 이따구로 하냐?"가 짧고 강렬하며, "이거는 한 번 다른 방식으로 생각해 봤으면 좋겠는데?"보다는 "다시 해 와"가 효율적이고 효과적이라고 믿는다. "나도 그렇게 배워 왔다"며, "그렇게 배워야 안 잊어 먹는다"는 말은 그런 상사들이 하는 레퍼토리다. 나중에 그런 문화를 욕하며 궁시렁대던 아이들이 정작 직장 상사가 되어 똑같이 반복하는 행태를 보면 "역시 그렇게 배운 건 참 안 잊어먹는군"이란 생각이 역설적으로 떠오르기도 한다.

자, 다시 한 번 생각해 보자. 결과를 위해서는 과정은 상관없다는 전제가 이 사회 전체를 지배하고 있다. 그리고 이것은 보수건 진보건, 나이가 많건 적건, 군대처럼 상하가 분명히 나눠지는 조직에서는 어디나 벌어지고 있는 일이다. 토론보다 '지시', 설득보다 '욕설'을 선호하는.

그리고 이렇게 자란 이등병들은 병장이 되면서 역시 같은 생각을 하기 마련이다. 오히려 그 효율성에 감동어린 찬양을 바친다(정말 뭐가 효율적일까?). 그렇게 군대문화는 이 사회의 상수가 되었고, 여전히 말단인 20대들을 괴롭히고 있다. 그리고 20대들은 대부분 "젊을 때 버티면 나도 병장이 되니까"라며 참고, 눈물 젖은 빵을 먹고, 오늘도 폭설을 뚫고 출근을 한다. 그러다 정리해고 당하기도 하고.

굳이 '남자는 제대한 적 없다'는 말을 쓴 것은 특히 군대문화가 남성들 간에 전승—계승되기 때문이다. '남자'이기 때문에 견뎌야 하고, '남자'이기 때문에 순응해야 한다. 지난 2008년 촛불집회 당시, 거리에는 남성에 비해 여성이 훨씬 많았다. 남성들은 강한 척하는 것과 달리, 저항을 상당히 두려워하고, 조직에서 이탈되는 것을 무서워한다. 그리고 남성들은 이런 사회의 무서움을 잘 알기에 여성들을 '보호'하려 한다. 그러다 보니 되레 여성들이 이 사회에 적응하기 어렵고 결국 요직의 대부분은 남자가 차지한다. 양성평등사회라는 대한민국에서 여성이 사회생활에 성공하느냐의 관건은 다름 아닌 남성적 병영 문화에 얼마나 잘 적응하느냐에 달려 있다.

그래, 문제는 군대다. '병영국가'라는 말은 사라진 것 같아 보여도 그 실체는 사실 변하지 않았다. 아니 변할 생각도 없다. '사내다움', 그것이 이 사회를 지배하는 핵심이자 이 모든 모순의 출발점 중 하나다.

여자가 사회생활 편하다고?

"오빠."
'띠리링', 메신저에서 한 후배 녀석이 말을 걸었다.
"고민 상담할 것이 있어요."
"응, 그런 건 돈을 주고 하는 거야, 내 계좌는……"
이렇게 시덥잖은 농담으로 그의 고민을 듣기 시작했다. 딱히 해결해 준 것도 아니고, 해결해 줄 수도 없었던 이 친구의 고민은 자못 심각했다. 그가 대학을 휴학하고 아르바이트로 일을 하고 있는 그곳은 사장과 직원 하나, 그리고 이 친구가 전부인 작은 회사였다. 문제는 이 사장이란 작자였다. 후배에게 들은 얘기는 내가 생각했던 그 이상이었으나, 더 놀라웠던 것은 이 친구의 고민을 들은 다른 여성 친구들의 반응이었다. "응? 그게 왜? 하루에 몇 번씩 겪는 것 아냐?"라는. 바로 직장 내 성희롱, 없어지지 않는 그놈의 문제다.

사연인즉 이랬다. 외근이 많은 회사의 특성상 주로 사장'놈'과 후배, 둘이서 한 사무실에 일하는 경우가 많은데, 처음엔 장난도 치고 편하게 대해 주던 사장'님'이 점점 장난의 강도가 심해지더니 뭔가 부적절한 행동을 하기 시작했다는 것이다. 머리를 쓰다듬더니, 어깨를 주무르고, 어깨를 주무르는 손이 점점 밑으로 내려가는 이해하기 어려운 기괴한 상황. 어느 날은 출장 가는데 같이 가야 한다고 굳이 차에 태워 데려 갔단다. 가다가 전망 좋은 곳에 차를 세우고 갑자기 허벅지에 손을 올리더니, "나는 너를 사랑한다"며 유부남인 자신과 '부적절한 관계'까지 제안했다고 한다.

"이러지 마세요"라고 했더니 들리는 답은 더욱 가관. "그럼 여기까지 왜 따라왔냐?" "그냥 오빠 대하듯 편하게 대하면 된다" "월급을 좀 더 올려 주겠다" 따위의 90년대 〈경찰청 사람들)에서나 들었을 법한 대사들을 주르륵 읊더란다. 얘기를 들으면서 어이없기도 하고, 기가 막히기도 하고, 역시 철딱서니 없는 어른들은 야동을 좀 끊어야 한다는 생각도 했다.

그런데 더욱 절망적인 것은 이런 개 같은 상황에 처했음에도 이 친구가 어떻게 대처할 수가 없다는 것이다. 계속 거부하고 있지만 저놈은 혼자 4차원에 있는지 '겉으론 저러지만 속으로는 좋아할 것이다'고 생각해 도통 씨알도 안 먹힌다. 그렇다고 여기서 그만두면 딱히 뭘 해야 할지도 모르겠고, 현실적으로도 몇 달만 더 버티면 퇴직금이 나오는데 그 돈을 쉽게 포기할 수도 없다. 그러니 사장놈은 "거봐, 안 나가잖아" 그러면서 부적절한 행위를 계속해 댄다. 그렇다고 다른 사람들에게 이걸 얘기하기도 힘들다. 그리고 언제나 느껴지는 그 공포, 알 사람들은 알 것이다.

녀석 혼자 끙끙대다가 도저히 참을 수 없어 나름 사회생활을 먼저 한 내게 그런 고민을 얘기한 것인데, 사실 딱히 해 줄 말이 없었다. 나로서는 도저히 경험할 수 없는 일이니까. 이건 바로 여자만이 느낄 수 있는(때로는 남자들도 느낄 수 있는 일이지만 그 강도의 차이는 확실한), 그들이 겪는 이 땅에서의 '사회생활'이기 때문이다.

여성, 특히 20대 비정규직 여성의 직장 생활이라는 것이 생각보다 만만치 않음을 느꼈다. 아빠보다 고작 몇 살 어린 그 사장놈은 '호감'이란 그럴싸한 명목으로 자신에게 면죄부를 부여하며 후배에게 정신과 육체를 요구했고, 후배는 '사장'이라는 권위에 눌려 저항의 수단을 찾지 못했다. 또 하나의 문제는 이 나라의 20대 여성이 얻을 수 있는 일자리의 대부분이 비정규직이란 데 있다. 바로 이 사막 같은 사회 먹이사슬의 가장 아래에 있는 '여성 비정규직'.

그런데 인터넷에는 간간이 "여성의 70퍼센트, 남성보다 빨리 퇴근" 따위의, 의미 없는 통계를 바탕으로 만들어진 기사들이 포털사이트를 날아다니며 사람들을 농락하고, 여기에 발끈한 남성 네티즌들께서는 "이거 봐라, 남자는 일 열심히 하는데 여자들은 똑같은 돈 받고 야근도 안 하고 저렇게 지들 할 거 다 한다니깐? 남자들이 살기 더 힘들어"라고 외친다. 부끄럽지만 남성인 나 역시 사실 같은 생각을 잠깐이나마 한 적이 있다. 함께 일하던 여성들은 좀처럼 사회생활에 '참여'하지 않았다. 무슨 약속은 그리 많은지, 그래도 같은 공간에서 일하는데 '성의'는 좀 보여야 하지 않겠냐는 생각도 했다. 그리고 이는 대학에서도 마찬가지였다. '오빠'들은 여성 후배들의 손을 잡아끌고 "단체 생활이야"라며 자못 진지한 얼굴로 떡실신 할 때까지 술을 먹이고, 여성 후배들은 '아, 원래 술자리가 이러려니'하며 받아들인다. 술자리에선 '재미'라는 명목으로 신체접촉 게임들이 난무하고 이를 거부하는 사람은 "사회(대학)생활 의지박약"

이나 "재미진 분위기 산통 다 깨는, 과도하게 까칠한 여자"로까지 낙인찍힌다.

직장에서 이런 경향은 더욱 강화된다. 대학에서야, 싫으면 공부만 하고 과 활동이나 학교 일에 참가하지 않으면 그만인데, 사회생활이 어디 그렇게 되나? 대체로 '남성화'된 대한민국 사회에서 여성들이 적응 못하는 것은 어찌 보면 당연하다.

지방에서 기자 일을 처음 시작할 때도 어느 자리에서나 '남성화된 대한민국'을 늘 느껴 왔고, 술자리에서 상상을 초월한 성희롱 장면도 많이 봤다. 그들은 술을 마실 때 '여성'이 반드시 있어야 했고, 엄연히 여성이 같이 있는 자리임에도 노래방에서 도우미를 부르곤 했다. 젊은 내게 대놓고 룸살롱을 가자던 아버지뻘 되는 양반들도 있었다. "남자가 사회생활 하는데, 이런 곳은 한번 가 봐야 한다" "내가 너를 위해 이렇게 데리고 가려는 거다"라며.

당시 20대 중반의 나는 노래방에 가면 도우미 아줌마들과 사오십 대 아저씨들의 광란의 몸부림 속에서, 모멸감을 느끼며 구석에 앉아 있었다. 나와 나이가 크게 차이 나지 않던 여성 실장님은, 눈앞에서 노래방 도우미 분의 몸을 더듬고 엉덩이를 비비는 그들을 보며 몸서리가 쳐졌다고 한다. 나는 그들의 채근에도 룸살롱은 기어이 가지 않았다. 처음 뵙는 사람과 초면에 살 부대끼느니 "사회생활 못하는 놈"이란 평가가 차라리 나

앉다.

 지금은 진보매체에서 일하고 있고 접촉하는 사람들이 다 그 동네 사람들이라 그런 일이 거의 없다. 하지만 '진보'라는 사람들도 웬일인지 '남자'에선 자유롭지 않다. 무의식적으로 튀어나오는 언어들, '관심'과 '호감'의 이름으로 이뤄지는 스킨십은 너무나 자연스럽다.

 특별히 할 말도 없는 것 같은데 반드시 둘이 한번 술 먹자고 채근하는 사람이 있지 않나. 챙겨 주는 거라며 쉽게 어깨에 손 올리는 사람이 있지 않나. 오늘은 너무 늦었으니 첫차 올 때까지 저기서 자고 가자는 사람이 있지 않나. 그냥 궁금해서라며 남의 핸드폰을 열어 문자 보는 사람이 있지 않나. 그런 사람이 어디 있냐고? 모두 '진보'라는 의식을 가졌다고 주장하는 사람들에게서 본 행동이다.

 20대 여성의 사회생활이 쉬워 보이는가? "아버지나 오빠처럼 생각하라"며 뻗어오는 징그러운 손들이 언제 어디서 어떻게 그들을 덮칠지 모른다. 그래도 그들은 감당해야 한다. 돈 벌어야 하니까, 먹고살아야 하니까, 참지 못하면 도태되니까. 게다가 그런 짓을 벌이는 남자들은 자기 마음은 순수하다고 강조하기까지 한다. 드러내 봐야 괜히 자기 기분만 나쁘고 사회에서는 '오바쟁이'로 낙인찍히는 것 아닌가, 두렵다.

 예전에 제인 프리드먼이 쓴 《페미니즘》이란 책에서 본 구절이 생각난다. "여성은 강간에 대한 극도의 공포를 느끼고 있다. 이 때문에 남성에게 의탁하고 사회는 보다 남성화된다. 강간에 대한 공포감을 줄이는 것이 핵심인데 남성들은 이를 허용하지 않는다."

그들이 왜 회식에 참석하지 않고 일찍 가겠는가? 왜 이 사회에서 밀려나겠는가? 남성화된 사회에서 그들을 소외시킨 채, 그들에게 "부적응자"라는 딱지를 남성들이 부착했던 것 아닌가? 가끔 조중동에서 나오는 쓰잘데기 없는 통계 분석 기사를 보며, 그리고 그 밑에 남성들이 입에 거품 물고 달아 놓은 댓글을 보며, 그들에게 "여성화된 사회라면 적응할 수 있겠나"라는 질문을 던지고 싶다.

물론 모든 남자들이 그런 것도 아니고, 오히려 그런 시선 때문에 역으로 고통스러워하는 남성들도 있다는 걸 잘 알고 있다. 그런데 어쩔 수 없다. 우리 스스로 계속 성찰하고 돌아보는 수밖에. 나 자신도 모르게, 정말 좋아하는 마음이라도, 상대방의 기분에 따라 '실례', 혹은 돌이킬 수 없는 '실수'가 될 수도 있지 않은가? 어렵지만, 이런 건 '쿨함'보다 '조심함'이 맞다.

아, 이건 '남자'이기 때문에 당연한 본성이라고? 그럼 동물 하시면 된다. 동물은 인적 없는 자연에, 혹은 동물원에.

사막에서 빼앗긴 사랑

졸업 후 죽어 버린 연애세포

데모, 학사경고와 더불어 대학에 들어오면 반드시 해 봐야 하는 것이 '연애'라고 했다. 이른바 캠퍼스 커플, CC. 아! 이 얼마나 예쁘고 샤방한 이름인가? 대학생인 그들은 출근 시간도, 퇴근 시간도 없다. 업무 스트레스라는 것도 없다. 그냥 만나서 즐겁게 놀기만 하면 그만이다. 이것이 진정한 '연애' 아니던가.

비극은 대학을 졸업한 후 시작된다. 그전까진 같이 있는 것만으로 알콩달콩 할 수 있었고 돈 없는 연애도 버틸 만했다. 학생이기에 용서되었다. 함께 나눠 먹는 자장면 하나에 행복해하고, 최신 영화 조조할인을 받고 쾌재를 지르기도 한다. 자판기 커피 한 잔에 한 시간 잔디밭에 앉아 데이트할 수 있는 것도 대학 연애다. 그래, 학생이니까.

그런데 '영원한 학생'은 없다. 어쨌거나 초·중·고등 과정을 거쳐 대학교까지 졸업해 '학생'이란 보험 보증기간이 끝나면, 환급금도 없이 '사회생활'이라는 새 보험에 가입해야 한다. 그리고 정해진 환경과 조건에 따라 제시되는 보험 내용도 달라질 수 있다. 그런데 얼마나 잘 구성된 새 보험에 가입하느냐에 따라 인류의 보편적 특권(아니, 모든 생명체의 보편적 특권)인 '연애특약'이 달라진다는 것이 문제다.

'대기업-고연봉 보험'의 경우 연애특약은 완전보장, '안정되고 꾸준한(물론 일정 수준 이상의 소득이 보장되는) 직장 보험'의 경우도 보장성이 크다. 문제는 20대 대부분이 들어야 하는 '비안정적-일반소득 보험'이나 '비정규직-저소득 보험'의 경우다. 이들의 경우 연애특약의 보장성이 전무하다시피 하다.

'비안정적-일반소득' 혹은 '비정규직-저소득' 보험에 가입된 자들이 연애특약의 효력을 대기업-고연봉 보험과 똑같이 누리고자 한다면, 따로 집이라도 한 채 가지고 있거나 해야 할 것이다. 때로는 자신의 보험과 아무런 상관없는 '부모님 재력'이 특약의 보장성을 넓힐 수 있는 하나의 프로그램으로 고려되기도 한다. 사정이 이러니 이도저도 어렵고 힘들어, 이예 연애특약 자체를 포기하려는 사람들도 생겨난다. 연애라는 것이 감정의 영역이고, 때문에 이성에 의해 통제되는 것은 아닐 텐데,

스스로 내재된 연애세포 죽이기에 혈안이 된 사람도 있다. 연애가 무서워서다. 결혼이 겁나서다. 나 하나 책임지기도, 이 나라 이 땅에서 살아남기도 자신이 없어서다.

K군은 CC였던, 사랑하는 친구와 졸업 후 결국 이별했다. 물론 성격차가 주된 이유였겠지만, 졸업 후 이들이 처한 상황이 이들의 성격차를 더욱 벌려 놓는 기폭제가 되었다. 둘 다 본의 아니게 백수가 된 탓이다. 여자는 공무원 시험 준비로 백수의 길을 택했고, 남자는 더 나은 미래를 위해 더 공부하고자 했다. 그게 문제였다.

"싸웠냐고요? 그렇지는 않았어요. 오히려 대학 다닐 때보다 싸움도 없었죠. 근데 왜 헤어졌냐면, 서로 싸울 의지조차 없었기 때문이죠. 미래에 대한 자신도 없고, 내가 하고 싶은 걸 상대가 이해할 수 있는 현실이 아니었으니까. 점점 여자친구는 저에 대한 믿음을 잃어 갔던 거 같아요. 어쨌거나 대학 때는 자주 보고 별 생각 없이 같이 다니니까 잘 지냈는데, 졸업하고 나니까 '현실'이 들이닥친 거예요. 마음은 점점 불안해지고, 불안해지니까 공부도 뭐도 되는 건 없고, 아무것도 안 되니 서로 만나는 것도 불편해지고……. 그렇게 만나는 시간도 줄어들고 서로 흥미를 잃어가고. 어쩔 수 없죠. 어떻게 보면 그냥 참 자연스럽게 헤어진 것 같아요."

여자는 남자가 일단 어디라도 취직해서 돈을 벌길 바랐고, 남자는 좀 시간을 갖고 자신의 미래를 생각하고자 했다. 여자도 남자도 대학 졸업 후 빚을 지고 있으니 '돈에 대한 갈망'을 느끼고는 있는데, 그럴수록 '무언가 열심히 일해야겠다'는 생각보다 '돈을 많이(혹은 안정적으로) 벌어야겠다'는 생각이 들었다. 그런데 현실은 그렇게 녹록치 않았다. 이 상황에서 연애라는 '감정'이 개입할 여지는 많지 않았다.

L군의 경우 아직 연애는 하고 있으나, 헤어지는 것을 심각하게 고려하는 단계다. 위 친구처럼 백수는 아니고, 급여는 많지 않아도 괜찮은 중소기업을 다니고 있는 친구다. 그럼에도 이별을 고려하는 것은 딱히 사랑이 식어서가 아니라, 외부 변수가 작용했기 때문이다. 바로 '그녀의 부모님'이다.

"어느 부모님이 적은 돈 벌고, 안정적이지도 않은 직장 다니는 남자에게 자기 딸을 시집보내려 하겠어? 나도 이해하지. 아무리 열심히 일해 봐야 몇 년 내에 서울 땅에서 집 하나 마련할 가능성도 없으니. 걔네 집에서는 나 만나는 거 알고 있는데도 맞선을 보라고 한다더라. 맞선 상대가 공무원이라고, 뭐 그런 이야길 내게 대놓고 하는 걸 보면 개도 마음이 아예 없지 않은 것 같아. 사람도 괜찮다고 하고 안정적으로 돈도 잘 버는 직업이니까. 어쩌겠어, 내가 내려놔야지. 마음이 아프긴 해도……."

무슨 신파 찍냐고 따져 물으려다 오죽 답답하면 저럴까 싶어 딱히 다그치진 않았다. 나 역시 그의 심경을 약 95퍼센트 정도 이해하기 때문이다(내 마음속 5퍼센트가 반대해서 문제지만). 그래도 참을 수 없어서 "그 친구가 그렇게 선 봐서 결혼한다고 행복하겠어?"라고 말하자, "행복할 거야, 돈이 행복인데"라고 답한다. 그런 그를 보며 무엇을 더 어떻게 얘기할 수 있단 말인가? 내가 돈이라도 많아야, "그 돈, 사람 사는 데는 별거 아니더라"고 얘기나 할 텐데.

비정규직, 저임금으로 내몰리는 노동자들의 삶. 부모님들은 자신 역시 노동자지만 자기 자식들이 노동자의 삶을 사는 것은 거부한다. 이러한 것이 맞물려, 염통을 말랑말랑 쫄깃쫄깃하게 만들어야 할 연애가 점점 신자유주의에 덮여 버리고, 그렇게 20대들은 사랑의 권리를 빼앗겨 간다.

결혼이 신분 상승의 기제가 되던 60~70년대 초 울트라 유치뽕짝한 초기 자본주의식 연애는 점점 더 진화했고, 이제 결혼은 계급 유지의 수단으로 작용하고 인식되는 어처구니없는 일이 벌어지고 있다. 물론 여기에 사랑이 없다고 말할 수는 없 겠으나, 어쨌거나 현실은 정규직은 정규직끼리, 비정규직은 비 정규직끼리 그렇게 계급이 나눠진다. 그리고 이로 인해 가난은 대물림된다.

구조가 이런데, 이 정부는 더하다. 애초에 건설회사 찌라시 같아 보였던 '신혼부부 반값아파트' 공약은 당선되자마자 '포퓰리즘'의 임무를 마치고 퇴근해 버렸고, 최소한 '가난'으로 사회 생활을 시작하는 것을 막기 위한 '반값등록금'은 학교 당국에 의해 존재 자체를 부정당했다.

그리고 정부가, 대통령이 내놓은 해법은 간단하다. "20대 여러분이여! 지방 중소기업에라도 취업하라!" 이거 참. 전후 사정 가리지 않고 일자리 문제만 단편적으로 생각하면 저런 비창의적인 발상도 가능할지 모르겠다. 그런데 조금만 생각해 보면 왜 20대들이 지방 중소기업에 취업할 수 없는지 알 것이다. 뭐 맘만 먹으면 대기업에 자기 자식들 취업시킬 수 있는 사람이 그 정서를 어떻게 알겠냐마는.

대학 졸업 후 MB 님 말처럼 지방에서 1년여 일을 한 적이 있는데, 생활 자체가 완전 파탄에 가까웠다. 연애를 할 곳도, 문화생활을 누릴 곳도, 뭐 아무것도 없이 단순히 '일만 하며' 보냈다. 그렇게 1년을 그곳에서 보냈지만 돌이켜 봐도 기억조차 나지 않는 나날이 많다. 하루하루가 똑같았으니까. 지역에 어떤 비전도, 기반도 없는데 어느 청년들이 무작정 내려가겠는가? 그리고 지역 일자리는 비정규직인 경우가 많지 않은가!

어쨌든 주변 친구들 몸속에서 연애세포가 점차 사라져 간다. "우리 그냥 사랑하게 해 주세요"라는 정우성의 외침이 전근대적으로 받아들여지고, 연애도 점점 A급과 B급으로 나눠지는 현실에서 '연애 포기'라는 안타까운 선언이 속출하고 있다.

참 슬픈 이야기다. 본능에 가까운 연애감정에 '현실적 판단'이라는 종양이 생겼는데, 이들은 연애세포의 생명이 시한부임을 받아들인다. 당사자이자 목격자인 나는 이것을 탓할 수도, 격려할 수도, 비난할 수도 없다. 내 몸에도 연애세포를 죽이는 종양 덩어리가 소위 '사회생활'이란 모이를 먹고 무럭무럭 자라나고 있기 때문이다.

넌 왜 사랑하지 않니?

일곱 난쟁이에게 들러붙어 살던 백설공주가 겨우 키스 한 방에 일어나, 그동안 걷어 줘, 먹여 줘, 재워 줘, 그렇게 정성을 들인 난쟁이들에게 밀린 월세조차 갚지 않고 떠났다는 사실이 괘씸하기는 해도, '뭐 그래, 쟤도 살길 찾아야지'라며 이해할 수도 있을 게다. 그런데, 왜 그 대상이 하필 '왕자'냐는 말이다. 삐까번쩍한 3000cc급 '백마'까지 가진, 그가 왕자이기에 백설공주는 어려울 때 함께 했던 일곱 난쟁이를 홀연히 떠날 수 있었고, 계모의 간계에 쉽게 넘어갔던 그 멍청한 왕도 결혼을 허락할 수 있었다. 그리고 그가 왕자이기에 작가는 이 동화의 결말을 "오래오래 행복하게 살았더래요"로 끝낼 수 있었다.

그런데, 만약 독사과가 목에 걸린 그녀에게 키스한 사람이 일곱 난쟁이 중 하나였다면? 공주는 어떤 반응을 보였을까? 과연 왕이 "허허, 내 이 결혼 허락함세"라고 할 수 있었을까? 작가가 "백설공주와 일곱 번째 난쟁이는 오래오래 산속에서 행복하게 살았더래요"라고 끝을 맺을 수가 있었을까?(그런 면에서 슈렉은 정말이지 훌륭한 동화가 아닌가!)

'사랑'이란 것은 어쩌면 환상에 가까울지도 모른다. "너만 사랑해"라는 사랑의 세레나데를 읊으면서도, 다른 누군가가 자신에게 다가오는 것이 싫지만은 않은 것이 인간이다. 남들이 그런 사람들을 옆에 두는 것을 욕하면서도 자기는 끝까지 옆에 남겨두며 상대방을 희망고문 하는 것 또한 인간이다. 그런 면에서 사랑이란 것, 정의하기도 쉽지 않고 신뢰할 만한 것도 아니다. '움직이는' 것이 맞을 수도 있고 '애초에 없었던' 것일 수도 있다.

또한 사랑이 20대만의 전유물은 아니다. 나이나 지위를 떠나 누구나 사랑을 향유하며 누릴 권리가 있다. 그리고 현실에서 사랑하기 힘든 것이 단순히 20대만의 문제, 즉 세대별 차이 때문은 아닐 것이다. 그런 면에서 마치 20대만이 사랑을 빼앗긴 듯한 이 장은 사실 모순점이 있다.

그런데도 '20대 사랑' 이야기를 다루는 이유는, 이 험난한 세상에서 그나마 염통이라도 쫄깃하게 만들었던 사랑이라는 '감정'의 부분마저 20대들 사이에서는 점점 이성의 영역으로 넘어가고 있다는 위기감 때문이다. 점점 '스펙'이 연애를 '급'으로 구분하고 분할해 놓기 때문이다.

그리고 사랑하는 사람들끼리 하는 최고의 행위인 '결혼'에 감정 외의 것들이 징그럽게 다닥다닥 붙어 들어간다는 절망감 때문이다. '사랑만' 얘기하면 철딱서니 없는 사람이 되어 버리는 세상, 최근의 상황은 그런 '철든 세상'의 정점이다. 그런데도 답답하기만 한 상황이 개선되리라는 보장은커녕, 오히려 악화될 것 같은 느낌이 드는 것이다.

사랑의 영역이 점점 줄어들고 돈이 그만큼 영역을 넓혀 간다. 돈과 함께 하지 않는 연애와 결혼은 연인들에게 공포감을 가져다준다. 가장 단순하게 사랑해야 할 사람들이, 왜 이런저런 '현실'에 지배당할까? 그 현실은 누가 조장하는 것인가?

요새 연애 안 하는 애들을 만나 보면 "이제 여자(남자)도 관심 없고, 그냥 어떻게든 되겠지"라는 말을 꽤나 자주한다. 그것이 사랑에 상처받아서일 수도 있고, 아니면 정말 이성에 관심 없어서일 수도 있다. 그런데 그 말이 꽤나 슬프게 들리는 것은 "누가 내 현실을 좋아하겠느냐"는 자괴감이 섞여 있기 때문이다.

20대, 비정규직 혹은 실직자. 꿈도 미래도 불확실한 상대, 아니 꿈과 미래가 그려지지도 않는 상태에 처한 사람들에게 있어 사랑이란 감정은 이성에게 조종된다. "상대 집에 인사가기도 민망하다" "집에서 연애하는 거(그것도 내세울 것 없는 사람과) 알면 난리날 거"라며 고개를 푹 숙인다. 가장 본능적인 감정이 다른 이유로 상처받는 것, 그게 우리들의 현실이다.

"시험만 붙으면, 남자(여자)는 언제든지 만날 수 있어"라는 공시족들의 결기(?)도 비슷한 맥락일 것이다. 어느 고등학교 급훈에는 "성적에 따라 와이프 얼굴이 바뀐다"는 말이 버젓이 등장한다. 그냥 재미 삼아 만든 말일 테고, 실제로 우습기도 하지만, 저런 농담이 오갈 수 있다는 현실은 어떻게 보면 참 슬프다.

"넌 왜 사랑하지 않니?"라는 질문이 어리석은 이유기도 하다. 사랑을 안 하는 게 아니라 못하는 것이기 때문에. 누군들 사랑이 싫겠는가? 다만, 사랑하는 것이 너무나 겁이 난다. 사랑을 포기하는 사람들이 그렇게 우리 주변에 늘고 있다. 사랑을 '스펙'으로 채우려는 사람들도 늘고 있다. 만남이 계산되고 계획되며, 결혼이 목적이 된다. 그 현실을 감당해 내지 못하는 사람들은 사랑이 겁난다.

전 알렉스가 싫어요

일반화할 수는 없는 이야기지만, 20대 남성들에게 '연애질'

이 점점 감당하기 어려워지는 듯하다. 몇 해 전인가, 한 후배 녀석은 나와 술을 먹다가 여자친구와 싸웠다며 진심어린 목소리로 나에게 말했다. "형, 전 알렉스가 싫어요."

〈우리 결혼했어요〉(이하 〈우결〉)란 프로그램은 '현실감'을 강조한 '리얼 버라이어티'로 출발했지만, 사실은 '판타지'에 가깝다. 특히 프로그램 초반에 등장했던 몇몇 커플들은 그야말로 초현실적인 결혼 생활을 보여 줘, 너무 빈곤한 설정이었던 정형돈-사오리 조를 오히려 '현실적'으로 돋보이게 하는 효과가 있었다.

특히 내 후배에게 괜히 미움 받은 알렉스는 신애와의 가상 결혼 생활에서 요리, 빨래, 청소를 망라하는 발군의 집안일 실력과 다정다감함, 그리고 종종 상상을 초월하는 이벤트로 누군가에겐 부러움을, 누군가에겐 절망감을 안겨 주었다. 나 역시 당시 이 프로그램에서 그를 보면서 다소 절망감을 느끼곤 했다. 그건 내가 이 사람에 비해 다정함이 부족해서가 아니라 이 사람의 상황과 조건이 내가 처해 있는 그것과 너무 차이가 컸기 때문이다.

'성공한 가수'라는 그는 꽤 괜찮은 수입으로 여유 있는 생활환경을 갖고 있었고, 또 그 직업의 특성상 비교적 여유로운 결혼 생활을 누릴 수 있었다(물론 이 생활도 사실은 그에게 일이지만). 그리고 사실 이 〈우결〉이라는 프로그램 말고도 드라마 등

TV에 나오는 20, 30대 남성들은 안정적인 수입을 가진 정규직이나 돈을 많이 버는 전문직이 대부분이다. 때문에 이들은 그림 같은 집에서 환상적인 신혼 생활을 꾸릴 수 있는 능력이 있다.

내가 이 프로그램을 '판타지'라고 본 것은 이 결혼 생활에 '노동'이 존재하지 않기 때문이다. 실제 결혼 생활의 대부분을 차지하는 것은 '노동'이고, 아마도 이들 역시 힘든 노동을 하고 있겠지만, 이 프로그램에서는 그들의 노동 현장 역시 결혼 생활의 일부분인 듯 펼쳐졌다. 그런데 8시에 출근해 4시간 잔업까지 끝마치고 밤 10시가 넘어서야 집에 도착해, 다시 다음날 새벽 6시에 일어나야 하는 생산직 노동자가 1급 호텔 셰프처럼 요리를 만들어 대접할 수 있겠는가? 한 달 150만 원도 채 못 받는 비정규직 노동자들이 폭죽 좀 빵빵 터지는 이벤트를 계획할 때 먼저 고려하는 것은 다음 달 막아야 할 카드값일 것이다.

이에 대해 여성들과 얘기를 나눠 보면 "남성이 알렉스와 같은 '상황'에 놓이길 바라는 것은 아니"라고 말한다. 물론 그 상황이 되면 좋기야 하겠지만, 어쨌거나 여성들은 그보다는 "그가 가진 다정함, 혹은 눈에 띄는 노력에 감동한다"면서, "내 남자친구는 그런 노력이 없다"고 말한다. 나 역시 그에 대해 의심하진 않지만, 여성들의 생각과는 별개로 TV 속의 잘난 녀석들과 '비교 대상'이 되는 남성들은 나름 고민과 노력을 기울여도 어쩔 수 없는 상상력의 빈곤함과 초라해지는 자신의 조건에 좌

사막에서 빼앗긴 사랑

절하곤 한다.

앞서 나와 술을 마셨던 친구도 여자친구와 함께 〈우결〉을 보다가 싸웠단다. 아무리 노력해도 시간과 돈이 없어 해 줄 수 없는 알렉스의 이벤트를 여자친구가 하트가 된 눈으로 바라보고 있으니 가슴이 아팠고, 쪽도 팔렸다. 그래서 무심코 "저렇게 좀 해 봐"라는 애인에게 울컥 열이 올라 말을 다소 거칠게 했다는 것이다.

사실 '픽션'인데 그 프로그램의 주인공들이 무엇을 만들지 못해 낼 것이며, 이뤄 내지 못할 것인가? TV의 주 시청자층이 여성들이다 보니 그들의 판타지를 자극할 소재를 만들어 내야 하는 것도 어떻게 보면 당연하다. 다만 이것이 20대 남성들을 사회에서 소외되게 한 것이 문제다. 미래가 불투명한 학생이나 비정규직이 대부분인 내 주변에선 아무리 고민하고 노력해도 미디어가 내뿜는 포스를 쫓아갈 수 없다. 그 친구에게 "니 여자친구가 뭐 집을 사 달라 그랬냐? 그냥 작은 거라도 해 줄 수 있는 걸 찾아봐"라고는 말했지만, TV 속 판타지가 범람하는 세상에서 '작은 것'을 '큰 것'에 대면 얼마나 비참해지는지, 또한 '작은 것' 하기조차도 얼마나 어려운지, 나 역시 모르진 않는다.

게다가 TV와 현실의 격차는 더욱 벌어지고 있다. 고소득 전문직 혹은 부잣집 남자, 여기에 달달한 말과 부드러운 행동까지 하는 '자체발광' 남자들이 브라운관을 장악했다. 그러나 막상 이런 프로그램을 보는 시청자들의 삶은 하루하루를 버티기 힘들 정도로 점점 더 어려워지니, TV 속 판타지와 현실의 격차로 인한 반작용은 더더욱 심해지고 있다.

시청자층의 대부분을 차지하는 많은 여성들은 점점 남성들을 '이 땅에서 살아가는 어려운 노동자'로 바라보기보다, TV 속 그 남자들처럼 여성에게 내리사랑을 하는, 혹은 자신들을 노동에서 해방해 줄 수 있는, 상승욕구를 충족하게 해 줄 수 있는 대상으로 취급해 간다. 연애하는 친구들은 여친이 백이나 옷 같은 선물을 요구하는 등 "날 지갑으로 취급한다"고 얘기하기도 하고, 그의 상황에서 참 어렵고 힘든 일들을 단순히 '나에 대한 노력'이라는 명목으로 요구할 때가 있다는 푸념도 꽤나 자주한다. 그리고 이를 실행하지 못할 때 '나에 대한 사랑이 식었다'라던가 '변했다'는 말을 들으면, 종종 "인간 자체가 싫어진다"고 한다.

흔치는 않은 경우지만 "없는 시간 쪼개가며 힘들게 이벤트를 했는데, '자, 이 다음엔 뭐냐? 더 준비한 거 없냐'며 결국 화까지 낸" 여친이나, "아무리 부족해도 시작은 20평 정도 되는 아파트로 해야 하지 않냐"며 초롱초롱 눈을 뜨며 바라보던 여친님이 있다는 얘기도 들었다. 이 정도쯤 되면 "적어도 데이트 비용은 남자가 내야 하는 것 아니냐"는 소개팅녀 이야기는 애교 수준에 가깝다.

남자들이 점점 더 투덜거리는 것도, 〈남성인권보장위원회〉(이하 〈남보원〉)라는 개그 코너가 나름 반향을 불러일으킨 것도 이 때문일 것이다. 몇몇 사람들은 〈남보원〉이란 프로그램을 두고 "남성들의 곤궁한 삶에 대한 비판을 사회구조적인 측면에 맞춰야 하는데 이 개그 프로그램은 너무 남녀 간 각 세우기에 초점이 맞춰져 있어 남녀의 연대를 곤란하게 한다"고 비판한다. 이러한 비판에 분명 동의는 하지만, 가장 가까운 곳에서 '동반자'로 함께 가야 할 여성들이 남성 20대 비정규직의 현실을 오히려 더 배척하는 경향이 조성되고 있음을 감안하면 "이 사회의 구조만 비판한다고 살림살이 나아지냐"는 그들의 푸념도 이해 못할 바는 아니다.

즉, 비판의 대상이 '여성'인 것은 나 역시 부정적인 입장이지만, 그렇다고 〈남보원〉에 열광하는 남자들에게 함부로 '찌질하다'는 딱지를 붙이는 것엔 더욱 반대한다. 사실 이 나라 이 사회에서 분명히 남성이 여성보다 강자이다. 20대 여성의 경우 대부분의 일자리가 비정규직이고, 같은 비정규직이라도 남성과 여성의 사회생활은 엄연히 다르다. 다만 20대 비정규직 여성이 20대 비정규직 남성을 이해하고, 20대 비정규직 남성이 20대 비정규직 여성을 이해하는, 나아가 여성 노동자가 남성 노동자를, 남성 노동자가 여성 노동자를 서로 이해하고 아끼고

사막에서 빼앗긴 사랑

챙겨 주는 문화가 좀 더 확산되었으면 한다. 지금 우리 모두 힘드니까.

남성이 집이라도 한 채 있어야 결혼할 수 있다는 현실, 그러나 막상 데이트할 때도 남성이 돈을 써야 한다는 현실, 그 두 가지 현실 사이의 모순에서 많은 20대 비정규직 남성들은 번민하고, 고통스러워한다. 가장 가까이 있는 20대 비정규직 여성들이 자신의 삶의 처지를 이해해 주지 못할 때 남성들은 더욱 힘들다.

TV라는 초현실적인 영역을 현실로 받아들이는 순간 불행이 시작된다. 언제나 초현실은 현실을 압도하고 그 사이 현실은 나락으로 떨어진다. 가정도, 경제도, 로맨스도 점점 더 남성에게 더 많은 판타지를 요구하는 미디어가 이대로 계속 영향을 미칠 경우 20대 여성과 남성의 연대는 요원해지고 연애 한 번 하기 어려운 20대 남성의 현실은 더 절망 속으로 빠져들 것이다.

마지막 이야기 하나, 지난해 가을 동갑내기 한 여성 친구와 술을 마시다가 연애 얘기가 나왔다. 비교적 큰 기업에서, 정규직으로 근무하고 있는 이 친구는 그야말로 초현실을 현실로 경험하고 있는 사람이다. 그는 강남의 한 백화점 명품 코너에서 일하고 있다.

"거기서 일을 하다 보면, '회장님'과 '사모님'들이 나타나

한 번에 옷과 가방을 몇억 원어치 사 가는 경우가 있어. 그런 장면을 보면 어떤 기분이 드는 줄 알아? '나도 저렇게 살아야 하는데'란 기분이 자연스럽게 든다니까! 그렇게 일 끝나고 남자친구 만나면 아무 이유 없이 화날 때가 있어. 나쁜 건 아는데, 나도 모르게 그렇게 돼."
"남자친구한테 왜 화를 내?"
"답답해 보이잖아, 현실이."
"뭐 그렇겠네, 보는 장면이 늘 그러하니. 나도 좀 절망스러운데?"
"가끔 '회장님'이랑 같이 오는 여자들 보면, 저렇게 살아 뭐하냐는 생각이 들면서도 일이 너무 힘들 때는, 나도 일 다 그만두고 저렇게 놀면서 살고 싶기도 해."

애초 문제는 남녀가 아니라 대한민국에서 살아가는 것, 그것이니.

된장녀를 위한 변명

앞서 20대 남성, 특히 비정규직 혹은 저임금 정규직 남성들에게 가장 비극적인 사실은 '연애'에서 조차 소외된다는 것, 그리고 그 원인은 아니지만 20대 비정규직 혹은 저임금 정규직 여성들에 의한 외면으로 더욱 힘들어진다는 얘기를 했다. 그렇다면 20대 남성들은 어떤가? 그들은 20대 여성들과 열린 마음으로 통 크게 연대할 준비가 되어 있는가?

대한민국 사회에서 남성들만큼 여성들도 '연애질'이 하기 힘들어졌다는 것은 두말할 나위 없는 사실이다. 여성이라고 대학 졸업 후 정규직이 되는 것도 아니고, 여성이라고 아웃소싱 거치지 않고 취업하는 길이 열려 있는 것도 아니다. 오히려 그 반대로 여성이 이 땅에서 노동하기가 더 어려운 것이 현실이다. 그리고 여성들이 자신들의 현실과 앞으로의 목표가 난관에 부딪혔다고 남성들에게 무작정 의지하는 것도 아니다. 그러나 남성들은 '비웃듯' 여성의 이런 모습을 극대화하여 공격한다.

일례로 "안 되면 시집이나 가야지"라는 말은 일종의 푸념일 뿐, 곧이곧대로 받아들일 만한 이야기는 아니다. 그들이 사회생활 하는 데 있어 남성만큼 기회가 열려 있다면 그런 말이 나올 리가 없지 않은가.

'된장녀'에 대해 말을 해 보고자 한다. 인터넷에서 비롯된 이 용어는 자신의 소득과 소비생활이 부조화스러운, 그리고 그 부족분을 남성의 경제력으로 충족하는 일부 여성들을 지칭하는 신조어다. 이 말은 그들에 대한 비판이자 그들을 조롱하는 말이다. 그런데 이 단어가 필요 이상으로 사용되기 시작했다.

그리고 점차 이 말은 여성을 피동적으로 만들기 시작했다. 결국 일부를 조롱하려고 만들어진 단어가 역으로 20대 여성 전체 옭아매고 20대 여성 노동자들을 20대 남성 노동자들과 격리시켰다.

왜냐하면 이 '된장녀'란 말이 자본주의적 삶에 대한 남성들의 적개심을 여성에게 돌리는 의미로 쓰이기 때문이다. 자신의 소득 부족분을 남성들을 통해 충족하려는 일부 여성들을 지칭했던 이 말이 점차 '스타벅스를 가고 스파게티를 먹는' 여성 전체로 확대 적용되기 시작한 것이다. 여성들의 이런 일상적인 자본주의적 삶의 방식은 남성의 의지에 따라 언제든지 공격 대상이 될 수 있다는 것이 문제다.

실제로 일부 남성들의 일부 여성에 대한 과도한 공격이 굉장히 폭력적으로 전개되는 경우가 종종 일어나고 있다. 각자 생각은 다르겠지만 예전에 난리가 났던 '루저의 난'이란 사건을 대표적인 예로 꼽고 싶다. 이는 한 여대생이 방송에 나와 "뭐 키는 184 정도? 180도 안 되면 '루저' 아니겠어요"라며 대한민국 남성의 약 80퍼센트를 패배자로 만든 발언에서 시작되었다. 나 역시 그 말이 참 어처구니없긴 했으나, 사실 "네, 저도 님 별로예염" 정도지, '열폭'할 만한 가치를 찾지는 못했다. 그러나 이후 발끈한 남성들은 그의 신원을 확보하여 악성 댓글 같은 온라인 테러를 자행했고 그가 다니는 학교 교문에까지 "이 밑으로 다 루저"라는 낙서를 하기도 했다. 그런데 만약 그녀가 "적어도 연봉 3천만 원 이상은 되어야 하지 않겠어요? 그 이하는 루저 아니겠냐요"라고 했다면, 남성들이 울컥했을지는 모르겠지만 당시 같은 폭발적인 반응까지 보였을지는 미지수다. 키라는 건 노력해도 안 되는, '한계'라는 인식이 강한 반면 연봉 3천이라면 '노력하면 가능'하다고 생각하고, 그래서 남성 자신들 역시 '연봉 3천만 원이 안 되는 자들은 패배자에 가깝다'는 인식을 하고 있기 때문이다.

'명품'을 만들어 소비자들의 욕구를 살살 간질이는 것도, 한 켠에서 비정규직을 양산하며 소득 양극화를 조장하는 것도 모두 '자본주의적인 삶'일 뿐이다. 남성들의 소비성향도 점차 그렇게 변하고 있다. 자본은 남녀를 구분해 "여성에게만 이런 것을 팔아야겠어!"라는 결심을 하는 것이 아니라, '돈이 되는 것'을 찾아간다. 최근 남성들을 대상으로 한 패션 잡지나 명품 광고 방송이 느는 것도 이런 관점에서 당연한 귀결이다. '돈이 되기' 때문이다.

이러한 단어들의 오·남용은 여성이 현재 겪고 있는 사랑에 대한 어려움을 무시하고 여성을 "남성의 옆에 찰싹 달라붙어 아무것도 하지 않는 존재"로 만들어 버린다. 그러나 실제로는 당연히 그렇지가 않다.

결혼을 앞둔 한 친구는 "결국 결혼할 때 보면 '딸 가진 부모가 죄'라는 말이 나온다"고 말한다.

"혼수 마련하는 하나하나가 시댁 눈치가 보이거든. 오빠네 집에 갔더니 대놓고 '이걸로 되겠냐'는 말이 나오더라고. 그 집이나 우리집이나 잘 사는 거 아닌데, 이거 해 와라, 저거 해 와라 하면 우리 부모님께 뭐라고 얘기해? 결혼식도 오빠네 집 근처에서 해야 하는데, 그래서 그런지 '시집간다'는 말이 결혼식 앞둔 지금은 '팔려 간다'는 말로 느껴져."

"니네 오빠는 뭐라고 안 해?"

"내 말이 그거야. 솔직히 오빠 하나 믿고 그 집에 가는 건데. 오빠 가족들이 그런 얘기하는데 아무 말도 안 하고 있더라고. 돈도 그래, 나는 웬만하면 우리가 모은 돈으로 결혼하고 싶은데, 오빠는 어떻게 그게 되겠냐는 거야. 집에서도 똑같이 받고, 우리가 모은 건 또 모은 대로 따로 쓰자는 거지."

가풍(?)에 따라 다를 수 있지만, 여성에게도 연애나 결혼이 쉽지 않은 선택인은 분명하다. 20대 여성이 대체로 20대 남성에 비해 더 적은 소득을 받고 불안정하게 일하고 있어 '같이 내고 같이 연애'하는 것도 한계가 있는데, 남친님과 그 주변 사람들은 '쟤는 왜 자기 돈은 한 푼도 안 쓸까?'라고 인식하는 경우가 있다. 그리고 결혼을 하면 남성의 기준에서, 필요한 경우 여성은 '내조'라는 것을 위해 자신의 일을 포기해야 하거나 애초부터 결혼과 동시에, 혹은 육아 때문에 꿈을 내려놔야 하는 상황에 놓이기도 한다.

지금 너도 나도 연애든 결혼이든 어려운 상황이라면 문제는 여성 혹은 남성이 아니라 그들 모두를 불안정한 삶으로, 불안정한 연애로 내모는 지금의 사회 시스템일 것이다. 그렇다면 그 화살을 여성에게 된장 바르는 식으로 돌리기보다는 서로 의지하고 힘이 될 수 있는 방향으로 이 시스템을 바꾸는 것이 훨씬 생산적일 것이다.

"여자는 군대에 안 간다"고 화살을 돌리지 말고 징병제를 아예 없애는 방향, 그것이 현 단계에서 불가능하다면 사병 월급을 평균 소득 정도로 올린다든지 하는, 군대에서 보내는 시간만큼의 충분한 보상책을 강구해야 한다. '군가산점제'도 군대로 인해 시간적인 피해를 입은 남성들에 대한 보상의 책임을 여성에게 전가하는 방법이기 때문에 나는 반대한다. 군대는 '제도'의 영역이다. 여성이 군대를 보내는 것이 아니다.

'보건휴가제', 혹은 '생리휴가제'는 다른 개념이다. 생리는 여성이 겪는 태생적인 문제다. 이는 제도로 보완해 주어야 한다. 여성들의 이런 보건휴가제를 "아무것도 하지 않으면서 여자라는 이유만으로 지 몫 챙기는 것"이란 식으로 비난할 수 없다.

내 주변에서도 보건휴가의 개념도 모르는 친구들이 태반이다. 그들에게 그걸 설명하면 "오, 그런 게 있었나"라면서도 "그런데 눈치 보여서 그걸 어떻게 써"라는 대답이 돌아오곤 했다. "그거 하는 날은 힘들다며?"라고 물으니 "참고 일해야지, 별수 있나"란 대답이 돌아온다.

남성이나 여성이나 상위로 올라갈수록 더 대접받는 사회에서, 이를 떠받드는 대부분의 하위들은 똑같이 고단하다. 특히나 여성은 남성화된 사회에서 적응해야 하는 의무를 부여받고, '버텨내기'와 '악다물기'가 미덕이 되는 사회에서 생리휴가조차 제대로 얻어내지 못하고 있다.

이 장의 결론은 블로그에 이 글을 실었던 당시 어떤 네티즌께서 더 명확하게 정리해 주셨는데, "괜히 눈에 보여 만만해 보이는 약자들끼리 서로 두들겨 패지 말고, 이런 사회를 만드는 게 무엇인지, 쉽게 보이진 않으나 분명히 존재하는 그 근본적인 '강자'를 분석하고 파악하고 고치는 데 힘을 쓰도록 마음을 돌려 보자"는 것이다(이상한 얘기를 이렇게 깔끔하게 정리해 주신 '홈 -_-a' 님께 감사).

20대 비정규직 남성들이 20대 여성들과 연대하기 위해서는 그들의 삶에 된장을 바르기 전에 "그들에게 보건휴가를 달라"고 주장하고 함께 싸워야 한다. 그녀들과 20대 남성들을 옭아

 매는, 우리가 우리 서로를 편 가르고 적대하게 하는 그 무언가를 찾아 그놈부터 흠씬 두들겨 패야 한다. 누구나 3~4년 열심히 벌면 집 한 채 살 수 있는 사회라면 "결혼할 때 집 하나 해와"라는 말이 이렇게 비참하게 들리진 않을 것이다. 커피 한 잔에, 휴대폰 요금에, '명품'이란 딱지 붙은 그 무엇에 너무 지나친 '돈벌이 욕심'이 개입되지 않는다면, 혹은 시장 아지매들의 예쁘고 잘 만든 물건도 '명품'이 되는 사회라면 딱히 우리가 우리끼리 적개심을 느껴야 할 이유는 없다.

 그게 잘 될까? 물론 쉽지 않다. '돈벌이' 하는 사람들은 언제나 우리보다 더 치사하고 교활하다. 그래도, 쉽지 않아도 그렇게 가야 하지 않을까? 그래야 우리가 조금이라도 행복할 수 있으니까.

3부

파괴된 생태계, 멸종과 복원의 갈림길에서

 먹이사슬의 파괴

꼰대와 철부지들

　기획 의도를 설명했다. 그러자 "음……. 그래서 결론이 뭔데?"라는 답이 돌아왔다. '응?' 이건 대답이 아닌 나 스스로의 반문이다. 원래는 내 주변에 있는 20대, 그들의 고민과 생각 그리고 그에 대한 나의 생각을 글로 엮어 쓰고 싶었다. 그것이 내가 설명한 기획 의도였다. 그런데 '결론'을 묻자 딱히 할 말이 떠오르지 않았다. 애초에 거기까지 생각한 게 아닌데. 그러고 보니 결론이 없다는 게 좀 그렇군. 그래서, 나는 어쩌자고 이 글을 쓰기 시작했던 것인가?
　고백컨대 시작할 때의 기획 의도와 후반부로 접어든 지금의 기획 의도는 다르다. 처음에는 결론이고 뭐고 그냥 우리의 이야기를 글로 한번 써 보고 싶었고, 아울러 내가 살면서 매일같이 살 떨리게 매달려 있는 절벽, 거기서 느끼는 절망감을 그려 보고 싶었다. 그래서 염치없이 술자리에 여기저기 끼고 이래저래 수다 떨면서 협소하지만 몇몇 이야기들을 들어 왔다.

그러다 '결론'에 대한 고민이 시작되자 걱정은 쓰나미가 되어 흘러들어 왔고 뇌의 주름은 점점 깔끔하게 펴져만 갔다. 어쨌건 글을 쓴다면, 그것도 꽤나 긴 글을 쓴다면, 결론이라는 것이 분명히 필요하지만, 20대들이 지금처럼 이렇게 어렵게 살아가는 이유를 내 생각대로 재단할 수는 있어도, 결론까지 내리는 것이 (내깟 능력으로) 쉬운 일은 분명 아니다.

우선 그동안 들은 '20대의 얘기'들을 모아놓고 보니(그리고 나 역시 20대로 살아가다 보니) 도출되었던 결론은 역시나 자연스레 "20대들이여! 짱돌을 들자"였다. 하지만 그 생각은 막연하고, 이걸 쓰자니 또 표절이다. 저 희대의 명저《88만원 세대》와 결론이 똑같다. 어쩌면 남들 얘기하는 대로 따라가는 것이 제일 쉽다. 게다가 나처럼 20대에, 지방대 출신에, 미래가 불투명하고, 똑똑하지도 못한 청년으로서는 그런 식으로 어디서 본 듯한 결론을 내릴 수밖에 없는 것이 어쩌면 당연했을지도 모르겠다.

그런데, 글을 쓰면서 생각이 얽히고설키고 뒤집히고 메쳐지고 하다 보니 어느 순간 결론이 바뀌었다. 라면을 먹고 싶어 물을 올리고 라면의 면발까지는 넣었는데, 갑자기 마음이 바뀌어 짜장라면 스프를 넣은 셈이다. 글이 조악하고 민망한 건 그 때문이다.

바뀐 기획 의도는 이렇다. '그게 왜 20대만의 문제냐'는 것. 비정규직이 20대만의 문제일까? 집 한 채 사기 힘든 것이 무슨 20대만의 문제인가? 연애하기 어려운 세상이 어찌 20대에게만 한정이 될까. 내가 30대가 된다고 해서 정규직이 되는 것도, 집이 나오는 것도, 빚이 해결되는 것도 아니다.

때문에 나는 '88만원 세대론'을 부정하며, 비판한다. 그것이 결론의 한 축이다. 그런데 그렇게 결론을 내리고 고민을 하다 보니, 갑자기 또 다른 생각들이 차선을 변경해 '급' 끼어든다. 머릿속에서 추돌 사고가 난 셈이다. 이 사고의 지점이 내 글에서 결론의 또 한 축을 차지한다. 이 이야기는 조금 후에 하도록 하고, 우선 20대 당사자인 내가 '88만원 세대론'을 부정하는 이유부터 말하고자 한다.

나는 20대의 문제를 20대의 수준에서, 20대 차원으로 풀어내는 것을 반대한다. 20대 문제는 10대의 문제이자 30대의 문제이며, 40대의 문제다. 즉 '대한민국 사회'가 가지고 있는 구조적 한계다. MB가 저 자리에 있는 한 후덜덜한 사회가 바뀌지 않듯, 신자유주의가 지금처럼 우리 생활을 계속 지배한다면 우리의 삶도 바뀌지 않는다. 더 무서운 건 신자유주의에 아직

확장의 여지가 남아 있어 보인다는 것이다.

그렇다면? 나는 20대가, 이미 오래전부터 대오를 형성하고 있는 조직 노동자들과 연대를 하거나, 혹은 미조직 비정규직 노동자들과 힘을 합쳐 또 다른 유니온을 형성하길 바라고 있다. 아, 그리고 그 형태는 '청년' 유니온이 아니다(세대별 노조는 그 활동에 분명한 한계가 있다. 뒤에서 결론의 또 한 축을 얘기할 때 좀 더 구체적으로 살펴볼 것이다).

하나 예를 들자면 '반MB 연대'가 있다. 그야말로 '엄청난' 이명박 정부에 맞서 어렵게 모아 내고 벼려 낸 그 칼끝을 아깝게시리 저 조악한 정부에게만 겨냥할 것이 아니라, 매년 기록적인 매출 신장을 이루면서도 노동자들을 해고하고 그 자리에 비정규직을 쓰는 그들, 우리를 하루 12~16시간 일만 하는 로봇으로 만들어 놓고서는 코딱지만한 월급으로 내 집 하나 꿈도 못 꾸게 만드는 그들을 향해 저항하자는 것이다. 그렇지 않다면 '이건희의 삼성'이 변할 리가 없고, '이놈의 대한민국'도 변할 리 없다.

그리고 그들이 분명 '그 무언가'를 통해 이 세상을 지배하고 있는 만큼, '그 무언가'를 바꿔야 한다. 최소한 치명적인 '상처'를 한 방 내자는 것이다. '그 무언가'에는 어른들이 말하는 '신자유주의'라는 말이 붙을 수도 있고, '치사한 빵꾸똥꾸'란 말이 붙을 수도 있다. 그와 맞서는 것이 20대만의 힘으로 가능할까?

40대 정규직이 20대 비정규직을 착취한다며 20대가 40대들에게 바리케이트를 치고 짱돌을 들면 이상한 전선이 만들어진다. 프랑스군이 기껏 직선주로에 마지노선을 쳐 놨더니 나치군이 우회전으로 들어와 점령했듯, 이상한 전선은 '그 무언가'를 기반으로 한 '그들 연대'에게 금세 함락당할 가능성이 높다.

 20대는 40~50대를 '꼰대 아저씨'라 부를 테고, 40~50대 아저씨들은 20대 아해들에게 '철부지들'이라고 할 것이다. 그 사이 20대 자본가와 40대 자본가는 연대하고(자본끼리의 연대는 기름 없이 부친 계란프라이마냥 아주 착 달라붙는다) 그렇게 만들어진 제3군이 양 진영을 무력화한다. 20대는 비정규직으로, 40대는 정리해고로.

 20대가 앞서 바리케이드를 치고 짱돌을 들지는 않을 것이다. 하지만 30~40대와 함께라면 얘기가 달라진다. 지난 2008년 촛불이 그랬다. 10대 친구들이 선봉에 나서긴 했지만 결국 바리케이드는 모두가 한자리에 나왔을 때 쳐졌고, 짱돌도 들렸다. 그리고 그 동력에는 '청와대 어느 분'도 있었지만 '국민건강권'이라는 공통된 관심사와 목표가 있었다. '그 무언가'에 대항하기 위해서는 '그 무언가' 때문에 피해를 보는 대중들의 연대가 필요하다.

 문제는 '20대 간의 연대'든 '피해자들 연대'든 이 사회 구성원이 어떤 연대도 받아들일 준비가 되지 않았다는 데 있다. 20대들은 자신들이 피해자가 아니라고 착각하고 있고, 40대들은 자신의 아이들이 피해자가 되지 않을 것이라는 착각을 하고 있다. 하지만 20대들의 대다수는 피해자이며, 40대들 대다수 역시 피해자이고, 그들의 아이들이 피해자가 될 확률은 매우 높다.

그리고 '무엇을 위해' 연대하는가, 이것이 중요하다. "자본가 놈들 싹 갈아엎자"거나 "미국 앞잡이들 쓸어 버리자"는 다소 과격한 사람도 있을 것이다. 그런데 난 겁이 많아서 그렇지는 않고, '살기 위한 최소한의 보장'이 우리가 우선적으로 추구해야 하는 것 아닐까 한다. 몸이 아프면 돈이 없어도 치료를 받을 수 있어야 한다. 배우고 싶은 것이 있다면 얼마든지 돈 걱정 없이 공부할 수 있게 해 줘야 한다. 최소한의 살 집은 마련해 줘야 한다. 아니면 3~4년 돈 모으면 집 하나는 살 수 있는 여건이라도 만들어 줘야 한다. 그러나 이런 것들로 돈을 벌고자 하는 '저들'은 단 하나도 양보하지 않을 것이다.

생태계를 파괴한 그 주범은 기성세대가 아니다. 오히려 기성세대의 비정규직, 명예퇴직자, 해고자, 특수고용 노동자들은 여전히 이 생태계 먹이사슬 하위에 있으며 우리와 비슷한 처지에 놓여 있다. 생태계 최하위 구성원으로 자기 자식들 역시 같은 치지로 전락한 것을 보며 더욱 괴롭고 힘들이 할 사람들이 이들이다. 그렇다면 우리 모두 이 생태계를 파괴하는 자들을 정확히 밝혀내고 바라보아야 한다.

20대의 착각, 40대의 착각

앞에서 한 얘기를 소중한 사례를 들려 준 친구들에게 전하자, 친구들은 기가 막힌 표정으로 나를 바라보며 묻는다. "그게 돼?" '응?' 이건 대답이 아닌 나 스스로의 반문이다. 그냥 그래야 한다고 생각해서 말한 건데, 생각해 보니 내가 할 것도 아니면서 너무 세게 질러 버렸다. '뭘' 해야 할지는 머릿속에 둥둥 떠다니는데, '어떻게' 해야 할지는 도통 떠오르지 않는다. 젠장, 거기까지 생각한 적 없는데. 이거 정말 '어떻게' 해야 하는 건가?

'어떻게'라는 막연한 물음에 앞서, '해야 할 것'을 생각했을 때 암담한 것들이 몇 가지 떠오른다. '연대' '공동 행동', 말이야 좋다. 그런데 이것을 누가 할 것인가? "'그 무언가'에 피해를 보는 대중들"이 해야 한다. 그런데 플래시몹 한 번 해 보는 것도 아니고, 대중들이 과연 세상을 지배하는 '매트릭스'와 힘들고 위험한 싸움을 할 것인가? 아마 하지 않는다는 쪽에 거는 사람들이 많을 것이다.

'민중들의 고통을 깃발로 승화한 대한민국 집회들'은 사실 이미 조직된 노동자들(그나마도 노조 상층에 있는 사람)이나 운동에 눈을 뜬 학생들이 중심이 된다. 2008년 촛불집회는 그렇지 않았지만, 흘러간 역사는 흘러간 역사일 뿐, 다시 그들이 광장에 모이리란 보장은 없다. 오히려 아무것도 이루어 내지 못한, 촛불집회의 슬픈 '패배의 경험'은 다시 광장으로 향하려는 그들의 발걸음을 막을 것이다.

실제 평범한 20대, 바쁜 30대, 자식 걱정하는 40대, 명예퇴직을 앞둔 50대는 거리로 나오지 않는다. 그러한 상황에서 "달님께서 가라사대, 고통 받는 자, 이리로 모이라"고 해 봐야, 아무런 소용이 없다. 아마도 그들은 군사독재 시절 용어 같은 '연대'란 것을 거부하고, 스스로 이 고통 속에서 이겨낼 수 있는 방법을 모색할 것이다.

20대들은 토익 책을 들고 자격증을 딴다. 남보다 내가 잘사는, '루저'가 되지 않는 것이 이 싸움의 진정한 승리라고 믿는다. 30~40대 옛 '전사'들은 그런 20대를 비난한다. "우리 때는 안 그랬는데, 재들은 정말 스스로 무덤 파는지도 모르고 편안하게들 살어~"라며, 50대는 "그놈이나 그놈이나"라며. 그와 같은 20대의 착각, 40대의 착각이 이 연대를 방해하는 핵심적인 것들이다. 그런 착각을 만든 주범은 이명박이지만 이명박이 아니다. 그 착각은 '자본주의를 쿨하게 살아가는 방식'이란 측면에서 대한민국 자본주의의 상징인 이명박이 만들었지만, 자본주의 자체가 이명박으로 커 온 것은 아니기 때문에 이명박은 아니다.

이런 복잡한 관계이기에, 우리는 이명박을 반대하면서도 이명박을 지지한다. 그가 보이는 어처구니없는 반민주성에는 단

호하게 반대하면서도, 그의 백그라운드에 존재하는 자본주의에는 알맞게 길들여져 있다. 그가 자신 있게 이런 식으로 국정 운영을 밀어붙이는 배경은 '자본주의'이며, 이는 '경제 대통령'으로 대선에 출마할 때부터 아예 노골적으로 드러냈던 것이다. 그리고 우리는 그를 선출했다. 경제, 정확하게 자본주의에 우리는 순응하고 있기 때문이다. 때문에 우리는 이명박을 지지하고 있다.

    이것이 바로 우리가 뭉칠 수 없는 이유다. 자본주의에 순응하는 우리는 바로 그 자본에 의해 하나하나 갈라져 버렸다. 노동자들은 정규직과 비정규직으로 갈려 버렸다. 20대들은 원스펙과 식스펙으로 갈려버렸다. 대한민국 사회에서 비정규직의 비율은 점점 높아만 가는데 이상하게도 우리는 정규직이 될 일만 도모한다. 여섯 가지 스펙으로도 취직을 성공하기가 어려운데, 우리는 이상하게 더 스펙을 취득할 일만 도모한다.

이는 지배층이 언제나 '예외적 현상'을 두기 때문이다. 자본주의 체제하에서는 '개천에서 용나는' 경우를 용납한다. 덕분에 언제나 '자기만 열심히, 성실히 노력'한다면 신분 상승의 기회는 주어진다. 문제는 이 등용문의 폭이 상당히 좁고, 그나마도 점점 줄어든다는 것일 테다.

개천에서 용이 되기도 전에 등록금을 감당 못해 스러지거나, 돈 없으면 아파도 치료받지 못하는 세상에서 우리는 언제나 '예외적 현상'을 생각하고 행복해 한다. 모든 미꾸라지가 용꿈을 꾸는 상황, 그로 인해 미꾸라지가 주변의 미꾸라지를 비웃는 일들, 이것이 우리의 연대를 막는다.

"저항하자"고 외치는 사람이 '루저'가 된다. 그런데 이상하게도 여기에 순응해서 살려고 하는 사람도 '루저'가 된다. 우리의 마음은 저항하려 해도 현실이 뒷받침되지 못하는 탓이다. 그래서 우리는 순응하면서도 저항한다. 진보적이면서도 아파트 땅값에, 자식 교육에 보수적이 된다. 이러한 피지배층의 정체성 혼란이 이 땅을 지배하는 그들의 가장 세련된 지배 방식이다.

먹이사슬의 파괴 235

20대, 불만을 쏟아낸다면

이 늪과 사막의 생태계가 파괴된 것은 이미 많은 사람들이 알고 있다. 그러나 "모여라"고 외쳐 봐야 모일 사람들은 많지 않다. 그래도 그것이 하나의 상징이 될 수는 있다. 지난 2002년 미선이 효순이 장갑차 사건 때 처음 모여든 촛불이 그렇고, 2008년 "광우병 쇠고기 먹기 싫다"며 들어 올린 촛불이 그렇다. 우리가 뭉치는 것 자체가 권력자들에겐 '겁을 먹을 만한' 일임은 분명하다.

하지만 세상은 바뀌지 않았다. 더욱 슬픈 사실은 앞으로도 바뀌지 않을 것 같다는 예감이다. 1997년 노동법 개악을 총파업으로 막아냈지만 이 노동법은 2009년 결국 '중재안'이란 이름으로 통과되었다. 1997년에 그렇게 피비린내 나게 싸웠지만 오히려 그 후 우리의 상황은 더욱 악화되었다. 국가가 나도 모르게 내 통장을 보증으로 빚을 져 온 것이 '뽀록'나고, IMF라는 사채를 쓰면서 세상 살기는 더 힘들어졌다.

세상이 바뀌어야 한다는 염원, 그리고 미선이 효순이의 염원을 받아 당선된 노무현 전 대통령도 세상을 바꾸지 못했다. 집값이 무섭게 올랐고, 물가도 팍팍 올랐는데 월급만은 아무런 변화가 없다. 물론 이명박 정부는 말할 것도 없다. 미국산 쇠고기 수입에 반대해 들었던 촛불도 100만 명의 시민을 광장 앞에 불러 모았지만 아무런 변화를 이끌어 내지 못했다. 미국산 쇠고기는 편안하게 수입되고 있고, 우리는 알게 모르게 그 쇠고기를 먹고 있다.

조금만 거슬러 올라가 봐도, 우리나라 역사에서 많은 세력들이 정권을 잡고 또 스러져 갔으나 우리의 삶은 변한 게 없다. 이식된 자본주의는 많은 사람에게 기회를 열어 주었을지 몰라도 더 많은 사람들의 노동력을 '합법'이란 명목으로 착취해 갔다(설령 그것이 우리가 아니더라도 아프리카 소년이, 동남아시아의 소녀가 될 수도 있다). 우리는 기계가 일하듯 하루 종일 일하며 온갖 스트레스를 받고 탈모와 두통에 시달리고 있다. 일하는 중 새참을 먹는 것도 불법이 되었으며, 막걸리 한잔하며 덩실덩실 노는 것도 사라졌다.

그나마 우리가 얻어 낸 투표의 평등도 자본주의 앞에서 무력해진다. 일당으로 하루하루 살아가는 일용직 노동자들은 행사할 수 없는 투표권을 가지고 있을 뿐이고, 일에 치이는 대한민국에서 투표일은 휴일 이상의 의미를 갖기가 어렵다. 정치가들이 가장 좋아하는 것은 대중의 무관심이라, 그들은 이러한 현상을 개선할 의지도 없을 것이다(혹시 그래서 일부러 짜증 나게 하는 거 아냐?!).

왜 이 빌어먹을 삶의 고통은 끝나기는커녕 오히려 점점 더 우리를 짓누르는 것인가? 아파트 값은 대체 어디까지 오를 것이며, 이발 한 번 하는 데도 큰 맘 먹어야 하는 내 월급으로 몇 백만 원의 사교육비를 어떻게 감당하며, 내 아이를 과연 '이 나라가 원하는 새 일꾼'으로 키울 수 있을까? 그나저나 그렇게 많은 사람들이 들고 일어나도 왜 이 세상은 변하지 않는 것인가? 도대체 저들은 몇 명이 모여 어떤 소리를 질러야 우리의 말을 들을 것인가?

이 얘기와 관련된, 조금은 다른 얘기를 해 보고자 한다. 앞서, 신자유주의적 사고방식을 바꾸지 않으면 세상은 바뀌지 않는다는 것을 하나의 큰 축으로 얘기했다. 그럼 신자유주의에 동의하지 않는 이들이 모여 소리를 지르면 세상이 변할 것인가? 난 그렇게 생각하지 않는다. 그게 앞서 언급한 내 고민의 또 다른 축이자, 내가 말하고 싶은 핵심이다.

앞서 나온 몇 가지 사례들을 다시 한 번 상기해 보자. 나는 2001년 대학에 입학해 "동작 봐라"와 "개념 없다" 등 군사용어가 난무하는 살벌한 술집에서 막걸리 두 통을 담은 냉면 사발, 그것도 두 사발을 원샷 해야 했다(두 사발인 이유는 또 다른 군대 문화, 바로 '연대 책임' 때문이었다). 그들은 신자유주의자였는가? 아니다. 그들은 운동권이자 열렬한 반신자유주의자들이다. 반미주의자들이었으며, 우리 민족의 대동단결을 말하는 사람들이었다.

또 하나. 지난 2008년 말 촛불집회가 사그라들던, 그리고 정권이 복수의 칼날을 갈던 그 엄중한 시기, 민주노총 위원장이 피신해 있던 한 여성 조합원의 집에서 있어서는 안 될 일이 일어났다. 민주노총 간부가 저지른 이 조합원 성폭행 미수 사건은 그 후 어떻게 되었나?

민주노총은 사건 이후 무려 3년 가까이 이 사건에 대해 어떤 말도 하지 않았다. 조직 보호를 내세운 2차 가해와 조직적 은폐를 인정하는 데 걸린 시간만 그렇게 오래다. 민주노총이 이에 대한 답을 하지 못하자 피해자와 피해자 지지 모임이 계속 문제를 제기하는 상황에까지 이르기도 했다.

민주노총은 오히려 가해자가 '그간 헌신적으로 활동했다'며 징계를 감경했다. 피해자도 모르는 사이 그의 죄는 사해졌고 오히려 피해자에게 '조직 보위'라는 미명으로 2차 가해까지 저질렀다. 그런 사건에 대해 단지 '경과보고서'를 채택하는 것만도, 단순한 사과 한마디 하기에도 이렇게나 오래 걸린 것이다. 그런데 민주노총이 신자유주의자들의 집합소인가? 아니다. 그들은 열렬한 반신자유주의자들이다.

자, 당신은 돈이면 다 되는 세상을 반대한다. 그런데 다른 어떤 사람도 돈이면 다 되는 세상을 반대한다. 그러면 당신은 그와 연대해야 할 것이다. 함께 목청을 높여 돈이 아닌, 사람이 사는 세상을 만들자고 외치고 주장해야 한다. 그런데, 그 사람이 아주 심한 꼰대, 권위주의자라면? 그 사람이 성매매를 한다면? 노래방에서 도우미 아줌마를 부른다면? 그와 연대할 수 있는가? 난 그럴 수 없다.

그런데 돈이면 다 되는 세상을 반대하는 사람들로 구성된 이른바 '진보적'인 집단에서도 지독할 정도로 이딴 것들이 만연하다. 나이가 어리다고 의사결정에서 배제되는 것은 기본이고 심지어 성희롱과 성추행이 적지 않게 일어난다. 신자유주의 세력에는 비교적 강고하게 맞서고 있지만, 그 내부에서 발생하는 문제들, 만만치 않다. 집회에 한 번 나가 본 후 나 역시 폭력적이고 차별적인 조직문화에 적응하지 못했다. 이제는 그나마 명맥도 끊어졌다. 이런 상황에서도 연대 전선을 쳐야 할 진영의 어른들은 주구장창, 신자유주의에 물든 아이들을 개탄한다.

이미 돈이면 다 되는 세상에 익숙해져 버린 젊은 친구들을 조직한다고 동분서주해 대지만 이따위 조직문화라면 아무런 소용이 없다. 옛 민주노동당 조합원들의 노조 결성을 막아선 것은 다름 아닌 민주노동당이다. 한 진보 단체는 월급은커녕 '활동은 순수해야 한다'는 이유로 그들의 재산권과 노동권을 아무렇지도 않게 갈취하고 있다.

민주노총에 젊은 활동가가 이제 얼마나 남았는가? 진보 정당에 젊은 정치인은 몇 명이나 있는가? 이 사회가 젊은 리더들을 좀처럼 용납할 수 없는 분위기라고 하는데, 진보 진영 내부는 그 분위기에서 자유로운가? 전혀(그렇다고 우리는 김문수와 이재오가 간 그 길을 가야 할까? 그렇지는 않다. 그래도 저쪽보다는 이쪽의 분위기가 비교적 더 나으니까).

만약 누군가의 말대로 20대가 연대를 형성하고 짱돌을 들어야 한다면, 그것은 신자유주의뿐만 아니라 권위주의, 파시즘, 왜곡된 여성주의, 반여성주의에 맞서 들어야 할 것이다. 일종의 문화 혁명이다. 권위를 배격하고 자유와 다양성을 찾아야 하며, 나이 좀 많다고 공식 석상에서 "○○○ 나와! 어디서 그냥" 따위의 말을 해 대는 어른들을 부끄럽게 해야 한다.

20대, 불만을 쏟아 내야 할 지점은 거기다(물론 이 불만을 쏟아낼 때도 인간에 대한 애정과 기본적인 상호 존중은 품고 있어야 한다. 그것 없이 불만만 쏟아 내는 것도 '나쁜 짓(?)'이다). 다만 신자유주의와 맞서 싸울 때는 강고한 연대 전선을 형성해야 한다.

"어리다고 놀리지 말아요" 수준이 아니라, 실질적으로 우리의 의사가 반영될 수 있는 조직문화를 만드는 데 앞장서야 한다. 그리고 물론 여기에 동의하는 30~40대, 50대, 60대 그리고 10대와도 함께 해야 한다. 우리는 우리의 얘기를 가다듬어야 하며, 인간에 대한 존중을 잃지 말아야 한다.

사장과 일반 사원이 시단장과 이등병 만나듯 '훈육'을 하는 게 아니라, 맞담배 피며 활발하게 조직문화를 놓고 얘기할 수 있어야 한다. 국회의원에게, 보좌관에게까지 정보를 숨기는 행

먹이사슬의 파괴

태를 비판하고 '함께 얘기하자'고 말해야 한다. 정당의 대표는 당원과 논의할 자리를 자주 마련해야 한다. 다, 이 시대를 같이 살아가는 사람들 아닌가.

빠르게 돌아가는 사회에서 그러한 것이 효율성과 경쟁력을 떨어뜨린다고 반박할 수 있다. 신자유주의자들의 수탈이 갈수록 심해지는 이 마당에 절차에 신경 쓸 여유가 없다는 사람도 있을 것이다. 하지만 신자유주의를 반대하는 사람들은 효율성보다 합리성, 경쟁력보다 연대를 신경 써야 할 것이다. 그게 안 된다면 그들은 신자유주의자와 근본적으로 다르지 않다.

어른들은 지금 내 얘기처럼 쓰잘데기 없어 보이는 이야기도 경청하고, 자신의 생각을 강요하지 말고 '설득'해야 한다. 젊은 친구들의 논리 전개가 미흡하거나 비록 알아듣기 어려운 부분이 있더라도, 함께 논의하고 서로 존중하는 사회를 만들어야 한다. 그런 조직문화의 혁신 없이 세상은 바뀌지 않는다. 권위주의 왕조를 교체해 봐야 또 다른 권위주의 왕조가 나왔던 것처럼.

다시 한 번 묻자. 당신은 성性을 사는 비정규직 노동자, 권위적인 진보 정치인을 믿고 함께 갈 수 있는가? 난 그럴 수 없다. 그런 것들이 20대를 사막으로, 늪으로 몰아 넣는 또 다른 생태계 메커니즘이기 때문이다.

생태계 선순환을 위하여

진보 생태학자들을 위한 고언

오늘도 늪과 사막의 한가운데를 지나오고 있는 20대들은 기댈 곳이 없다. 저항할 수단도 의지도 없이 막연하게 이 길을 걷고 있을 뿐이다. 꿈이란 개념은 개나 줘 버린 지 오래, 그냥 하루하루를 별일 없이 산다. 누군가는 싸구려 커피를 마시고 독서실 한켠에서 작은 스탠드에 의지해 책을 펴고 있고, 누군가는 자양강장제 하나에 힘을 내 잔업에 특근을 하며, 누군가는 어머니 잔소리에 이어폰을 끼고 방바닥에 누워 장판을 긁고 있다. 때로는 이런 것에 그냥 웃음이 나오고 행복힐 수도 있겠다. 그러나 대부분은 살 떨리는 불안감에, 그나마 때로 느끼는 그 소소한 행복마저 날아가 버릴까 하는 두려움에, 그냥 숨을 쉬고 있는 이 시간이 막막하다.

 늪에서, 사막에서 살아야 하는 우리는, 이곳을 벗어난 다른 세계를 상상도 해 본 적이 없다. 우리 어린 시절, 부모님들은 그곳이 늪이어도, 사막이어도 언제나 우리에게 좋은 옷을 입히고 좋은 것을 먹이려 노력해 왔다. 많은 친구들이 온실 속 화초로 자랐고 '소비'라는 사막의 신기루에 익숙해져 왔다. 그래서 우리 역시 그 척박한 땅에서 살아가게 될 것을 의심하지 않았다. 다만 늪은 더욱 진득해졌고, 사막은 더욱 건조해졌다. 주변에 보이는 것이 온통 이런 곳이라, 젖과 꿀이 흐르는 땅이 있다는 건 상상도 하지 못했다. 가끔, 너무도 끓어오르는 절망감에 이 늪과 사막에서 벗어나는 상상을 거듭하던 친구들도 이제 우리 곁에 없다. 오늘도, 지금 이 시간에도 적지 않은 10대, 20대들이 이 척박한 땅을 못 견뎌 아예 이곳을 떠나 버리는, 하지 말아야 할 상상을 하곤 한다.

 대한민국 역사 반만년은 '보수'의 시대였다. 민중들이 '진보'를 이루어 내도 지도자들은 보수화되어 갔다. 수많은 사람들의 피를 밟고 들어선 왕조들은 결국 신분사회를 유지하고자 했던 보수들이고, 이승만 이래 우리 위정자들도 민중들이 다른 신념을 갖고 사는 꼴을 보지 못하는 보수들이다. 그나마 '모두가 함께 잘 사는 사회'를 꿈꾸며 이 사회를 진보로 이끌어 주리라 기대했던 김대중·노무현 정부 10년도 이 땅의 사막화를 막지 못했다. 하물며, 이명박 정부랴.

오랜 보수의 시대에서 우리나라 진보 세력은 솔직히 20대보다 더 딱하다. 할 수 있는 것도 많지 않아 보이고, 심지어 요즈음에는 하고자 하는 의지도 없어 보인다. 새로운 비전을 보여야 할 진보는 사라지고 보수들의 틈바귀에서 이리 치이고 저리 치이다 하루하루 땜질로 돌려 막고 사는 꼴이 왠지 20대와 비슷하다.

그래도 언제나 이 사회를 '짊어지고'(왜 짊어져야 하는지는 모르겠다만) 나가야 하는, 이 시대의 희망이 20대이듯, 진보 세력은 언제나 이 척박한 땅에서 벗어날 수 있는 길을 제시해 줄 것이란 기대를 받는다. 그러나 지금도, 앞으로도 진보 세력이 그러한 길을 제시해 줄 가능성은 크지 않아 보인다. 앞서 얘기했듯, 지금의 진보 세력도 20대처럼 무작정 사막을 걷고 늪에서 헤어나질 못하고 있다. "네가 뭔데?"라고 따지면 딱히 할 말은 없으나, 그래도 진보 생태학자들이 이래서는 안 된다는 나름의 진단과 약간의 자뻑을 바탕으로 이 글을 끝내기 앞서 한 마디 고언을 했으면 싶다.

진보 세력임을 자임하는 분들을 보면 항상 묻고 싶은 질문이 "어떤 세상을 만들고 싶으신가요?"였더랬다. 예선 내학교 다닐 때 처음 나간 집회에서 나를 깃돌이로 세웠던 선배들에게도 그런 질문을 던졌고, 그들은 한결같이 이렇게 말했다. "사람 사는 세상." 한 전임 대통령도 이 말을 즐겨 했다. 자신이 변호사 시절, 변호를 맡았던 한 노동자가 절망감에 크레인 위에서 몸을 던지자 매몰차게 "이제 죽음으로 투쟁하는 시대는 끝났다"고 말한, 바로 그분도 말이다.

'사람 사는 세상'이란 말, 참 좋다. 그것은 아마 경쟁을 해도 패배한 사람을 보듬어 주고, 비정규직 철수도, 정규직 영희도 노력 여하에 따라 언제든지 꿈을 이룰 수 있는 세상일 것이다. 설령 정말 노력하기 싫은 사람일지라도 최소한 인간의 존엄성은 보장받을 수 있는 세상일 것이다.

그런데 그런 세상을 만들어야 하는 진보 생태학자들은 보수 생태학자들을 너무나 닮았다. 진보 대 보수, 혹은 진보 대 진보의 경쟁 속에서 인간의 존엄성은 둘째 치고 아예 기본적으로

예의를 갖추지 못한 경우도 보곤 한다. 계급의 서열도 엄연히 존재하고 그에 따라 인간의 존엄성도 다르게 취급된다. 진보 정당의 국회의원과 보좌관이 엄연히 다르듯.

대학 때부터 왜 유독 운동권 선배들은 집단끼리 서로 모른 척하고 지내나 했더니, 이것 또한 운동권의 꽤 오랜 전통이라. 자기들이 정한 규율과 법칙을 어겨도 자기편이라면 무조건 감싸고 남의 편이라면 뒤에서 노가리 안주 삼아 험담 한 병 뜯는 일은 기본이다. 그래 놓고 대체 누가 그런 말을 만들어 놨는지, "보수는 부패로 망하고 진보는 분열로 망한다"는 그럴싸한 말만 늘어놓고 다니는 것이 진보 세력이다. 진보는 분열로 망한다는 말은 "이견이 있어도 샷다마우스 하고 무조건 따르라"는 건데, 왜 그래야 하는지도 모르겠고 정작 이 동네 사람들도 뭘 그렇게 틈만 나면 '국민의 뜻'이니, '민중의 의지'니 똑같이 읊어 대면서 또 하는 행동들은 왜 이렇게 다른지 도통 모르겠다. 아예 그런 말을 쓰질 말던지.

계급만 있나? 경쟁은 더욱 심해서 노동자 부려 먹는 건 이쪽이 한술 더 뜨더라. 물론 이 사회를 바꾸기 위해 '자발적'으로 남아 열심히 일하는 사람들도 많이 봤지만, 이런 사람들을 보면서 "그래, 세상을 바꾸기 위해서는 어쩔 수 없이 저렇게 노력해야 해"라며 당연하다는 듯 받아들이는 사람들은 정말 어이없다. 그러면서 청와대 '얼리 버드(early bird)'를 향해 왜들 그렇게 욕을 해 대시는 건지. 그 사람들도 나름대로 국가를 위해 일찍 일어난다는데.

그렇게 이곳이 좋아, 사명감으로 남아 있다는 사람들의 삶은 오히려 더욱 고통스럽다. 우울증은 기본이요, 위병, 간염, 화병에 심장, 뇌 할 것 없이 온 장기가 아프지 않은 곳이 없지만, 받는 월급도 적어 병원조차 제대로 가지 못하는 사람들. 그리고 그런 그들을 보면서도 "신자유주의자들을 이기기 위해 저들보다 더 부지런하고 바빠야 한다"는 또 다른 사람들을 보며, 대체 진보 생태학자들이 보여 주려는 세상이 어떤 세상인지, 알 수가 없다.

사람 사는 세상, 사람이 행복한 세상에서 살기를 모두가 바랄 것이고, 더욱이 진보 진영에서 일하는 사람이라면 더욱 그럴 것이다. 그런 그들에게 "지금의 삶이 행복하십니까?"라고 물어보면 어떠한 대답을 들을 수 있을지 모르겠다. 자신이 보수적이라고 주장하는 친구들이 진보 진영을 욕하면서 "자기도 못 챙기면서 누굴 챙기려 해"라고 얘기하면 난 사실 딱히 할 말이 없다.

너무 힘들게 살지 않았으면 좋겠다. 너무 빡빡하게 벅차게, 숨 헐떡거리며 살지 않았으면 좋겠다. 저번 지방선거에서 가장 인상 깊었던 공약이 '8시간 노동, 8시간 휴식, 8시간 취침'이라는 진보 정당의 '888 공약'인데, 당장 그 울타리 안에 있는 사람들에게 적용할 수 있는 것인지 물어보고 싶다. 이 사람들부터 안 되는데, 대체 누구에게 그걸 해 줄 수 있단 말인가? 진보 진영 자신들부터 돌아보자. 당신들이 늪과 사막에 있지는 않은가? 아니면, 젖과 꿀이 흐르는 그곳에 있는가?

20대에게 정치는 없다

결론을 내기에 앞서 하나 짚고 넘어가야 할 부분이 있다. 그 말 많고 탈 많은 것. "과연 20대에게 정치는 무엇인가?"라는 물음이다. 이에 앞서 내까짓 게 정치를 정의할 수 있을 만큼 뭐 대단한 사람도 아니나, 앞으로 할 이야기를 위해 전제 정도라도 해 본다면, 정치는 '피통치자의 동의를 얻어 통치자가 우리 사회를 전반적으로다가 조정하고 실행하는 어떠한 행위'다(라고 어디서 본 기억이 난다). 그것이 전제라면 우리가 신경을 쓰든 안 쓰든, 이 정치라는 행위가 우리에게 미치는 영향은 엄청나다. 태어나면서부터 죽을 때까지, 우리가 이 정치에 영향을 받지 않을 수는 없다.

20대 역시 마찬가지다. 오히려 이 하수상한 시기에 20대만큼 정치에 큰 영향을 받고 있는 집단이 또 있을까? 그런데 기성세대에게서 "20대들이 정치를 외면 혹은 배제하고 있다"는 비판이 밥상의 김치처럼 나오고 있다. 왜 그럴까? 아니, 그들의 그런 말들, 정말일까?

　사실관계부터 짚어 보자. 지난 2007년 17대 대선 당시 꺾인 20대들의 투표율은 42.9퍼센트, 아직 안 꺾인 20대 투표율은 51.1퍼센트였다. 전체 투표율은 63퍼센트. 2008년 18대 총선 투표율은? 20대 전반이 32.9퍼센트, 20대 후반이 24.2퍼센트였다. 전체 투표율은 45.9퍼센트였다. 2010년 지방선거는? 비교적 젊은 층이 투표에 많이 참여했다지만 여전히 그들의 투표율은 평균 투표율에 미치지 못한다. 이렇게 '투표율'만 놓고 보면 지금의 20대 절반 이상이 정치에 관심 없다는 그들의 비판이 맞다. 그러다 보니 이처럼 '참담한' 수준의 결과에 맞춰 이 사회의 기성세대들은 20대를 향해 '걱정'이 약 10퍼센트, '비난'이 약 90퍼센트 함유된 말을 날려 대기 시작한다. "쟤네 어쩌려고 저러니. 관심이 없어서 큰일이야. 쯔쯔쯔" 뭐 이런 유형의.

　정말 20대들은 정치에 관심이 없을까? 물론 몇몇 사람들이야 '투표 날은 곧 쉬는 날'이란 대명제하에, 빨갛지 않은 빨간 날을 기념하야 하루 종일 집에서 뒹굴거리거나 아예 쌔끈하게 휴일을 즐기는 경우도 있다. 그런데 그게 꼭 20대만의 특징이고 20대만의 문제냐, 나는 그렇지 않다고 말하고 싶다. 30대도, 40대도 그런 사람들은 있을 것 아닌가? 상대적으로 그 비율이 높다지만 이 역시 확인할 길 없다. 20대가 놀러 가느라 투표를 안 하는지, 정말 찍을 사람이 없어서 투표를 안 하는지,

혹은 일 때문에 못 하는지 어떻게 안단 말인가? 단순히 투표율만 놓고 투표일에 놀러 가는 몇몇 20대들을 인터뷰한 다음, "이런 젠장, 20대는 왜 저렇게 정치에 무관심한 거야?"라는 결론을 내리는 것, 옳지 않다.

그들이 정치에 무관심하다는 결론을 내릴 수 없는 것처럼, "20대는 정치에 관심이 많다"는 결론을 내릴 수도 없다. 낮은 투표율이라는 숨길 수 없는 사실이 이를 반증한다. 그렇다면 그들에게 정치는 어떤 것일까? 정치에 관심이 있는 사람이든, 없는 사람이든 주변에서 몇몇 이야기들을 듣다 보면, 이런 얘기는 할 수 있을 것 같다. "20대에게 정치는 없다."

내 주변 사람들이 20대의 전부겠냐마는, 한 가지 분명한 것은 난 MB를 좋아하는 20대를 본 적이 없다. 20대인 누군가가 20대가 모여 있는 곳에서 "저기, 사실 난 MB 찍었어"라고 말했다간 "정신 나간 녀석"이라던지, "너 때문에 우리 꼬라지가 이게 뭐냐"는 비판과 욕설을 들을 수 있을 것이다. 각종 여론조사 대통령 지지도를 살펴봐도 보통 20대 층에서 가장 대통령 지지율이 낮은 것으로 나온다. 즉, 현 정권을 가장 많이 반대하는 세대가 20대라고 할 수 있을 것이다.

하지만 이러한 정부 비판이 그들의 정치적 성향을 '진보' 혹은 '개혁'으로 규정하는 것은 아니며, 그들을 투표장으로 인도하는 것도 아니다. 젊은 층들이 비교적 많이 모여 있는 인터넷상에서는 친노적 성향이 강하고, 많은 20대들에게 노무현 전 대통령을 지지하는 성향이 강하게 남아 있지만, 실질적인 표를 계산하면 그 비중이 크다고 볼 수 없다. 여전히 대부분의 20대는 투표하지 않으며, 관심이 없다는 말은 곧 그 어느 세력에게도 희망을 찾지 못했다는 뜻과 등치시킬 수 있기 때문이다.

참여정부 말기를 돌이켜 보면, 지금의 20대가 MB를 짜증 내 하듯, 당시 20대 역시 노무현 대통령을 지지하거나 신뢰하지 않았다. 지금의 친노 반등은 사실 이명박 정부가 부른 것이며, 그들이 불과 2년여 만에 보여 준 위대한 령도력과 멋지게 이룩한 민주주의 성과(?)가 노무현을 호출한 셈이 되었다. 즉 '반대를 반대'하기 위해 노무현을 선택했을 뿐, 그들의 정치적 성향이 오로지 노무현에만 향해 있지는 않아 보인다(물론 노무현이 가진 인간적인 모습도 젊은 층에겐 호감으로 다가왔을 것이다. 하지만 '인간 노무현'을 좋아했을지언정 참여정부 말기 '대통령 노무현'에는 큰 호감을 보이지 않았다).

그리고 노무현 지지 세력만큼 '노무현 세력'에 불신을 가진 20대 또한 많다. 그리고 이는 박근혜의 경우도 비슷하다. 박근혜에게 불신을 가진 20대가 많으나 호감을 가진 20대도 꽤 있다. '신뢰감' '도덕성'(적어도 그놈보다야……) 같은 것들이 주된 이유인데, 그들 역시 '인간 박근혜'에 머물러 있다. '정치인 박근혜'에 대해서는 불신이 있다. 진보 세력에 대해서는 뭐 굳이 말할 필요가 있나?

 본론으로 넘어가자. 정치에 큰 영향을 받고 있고, 특히 정부를 비판하며 정치에 관심을 가진 20대들에게까지 정치가 사라진 이유는 무엇인가? 현 정부를 반대하는 20대들은 왜 어떤 정치 세력도 선택하지 못하고 있는가? 이것이 우리가 관심을 가져야 할 지점이다.

 이유는 단순하다. 김대중 정부 때나, 노무현 정부 때나, 이명박 정부 때나 등록금이 기하급수적으로 오르는 것은 똑같다. 그 어느 정부 때나 마찬가지긴 했지만, IMF 이후 집권한 이 세 정권하에서 사춘기를 보내고 사회에 진출한 그들은 '제대로 된' 직장 잡기, '예쁘게' 결혼하기, '알콩달콩' 살아가기 더 힘들어 한다. 그들 앞에 놓여 있는 것은 온통 불안한 현실이다. 저임금에 목숨 간당간당한 직장, 결혼하면서 얻어야 할 수천만 원의 빚, 낳지도 않은 아이들 걱정……. 온통 막막하고 답답한 현실뿐이다. 우리가, 20대가 그렇게 힘들고 불안해 하던 그때, 정치 세력들은 대체 어디서 뭐하고 있었나?

 그러니 심정적으로 '누군가'를 지지한다고 해도, 현실에선 투표를 하기 어려워진다. A를 뽑아도, B를 뽑아도, C를 뽑아도, D를 뽑아도 이 현실이 바뀔 것이란 기대가 되지 않기 때문이다. "투표는 해야죠, 근데 누굴 뽑아요?"라는 '헐~' 소리 나는 질문도, 나는 이 때문에 이해할 수 있다. '반값등록금'을 보고 뽑아도 1년만에 "난 그런 소리 한 적 없는데?"라 말하는 대략난감 대통령을 가진 나라에서 정치에 관심을 갖는 게 오히려 신기한 일 아닌가.

노짱이든 근혜공주든 어차피 정치인들이 우리의 현실을 바꿔 주지 못한다는 것을 우리는 너무나 잘 알고 있다. 그래서 무관심해지고, 무관심은 다시 정치인들의 태만으로 이어진다. 어디서부터 잘못되었는지, 어디서부터 풀어야 할지 알 수 없는 이상한 매듭이다.

그럼 아직 집권 근처에도 가 보지 못한, 진보 정치는? 안타깝게도 20대들에게 차선조차 아니다. 불신이고 뭐고, 20대들은 아예 그들을 모른다. "노회찬, 심상정, 강기갑, 열심히 하는 건 알지. 그런데, 찍으면 뭐 당선되겠냐"는 의문, 아예 정치에서 배제되고, '정치'보다는 '운동'으로 취급 받고 있는 현실. 어른들과 마찬가지로 20대들에게 진보 정치는 '꽝, 다음 기회에'에 다름 아니다.

왜 그럴까? 20대들이 그들을 묘사할 때 "뭔가 아마추어적인 냄새, 다듬어지지 않은, 폭력적인, 비현실적인"과 같은 단어들이 나오고 있다. '조직'이 선거에 중요하긴 하지만, 민주노총에 안주해 대중으로 확장하지 못하는 진보 정치에 일종의 냉소도 보낸다. "어차피 너네는 너네끼리 노니까"와 같은.

비정규직과 실업에 고통 받고 있는 20대를 위한 사업이라고 벌이는 것이 고작 '강연회' 정도인 상황에서 진보 정치가 20대 마음을 잡기는 쉽지 않다. 한 명 딱 찍어서 쫓아다니며 달달달달 볶으면서 진보 정치의 아름다움을 설파해도 그 마음의 벽을 허물기가 쉽지 않은데, 딱히 애쓰지 않아도 이쪽 진영에 관심을 보이는 20대들(이들을 무시하는 건 아니다)만 모아 놓고 강연회를 벌이고, 이젠 모이지도 않는 학생 조직 움직여서 선거운동원으로 동원하는 형태의 20대 사업이, 20대들에게 어떻게 받아들여질지는 눈에 선하다.

진보 쪽에 아예 관심도 없는 한 친구는 "진보 정치인들한테 노량진 와서 같이 수업 들어 보고, 같이 밥 먹어 보라 그래. 같이 원룸 구하러 다녀 보고, 20대처럼 데이트해 보라 그래. 그쪽 사람들하고만 놀지 말고, 우리랑도 놀 수 있는 그런 얘길 해 보라 그래"라며 푸념을 늘어놓는다.

20대가 정치에 관심 없는 것은 아니다. 다만, 그들을 품을 정치가 없다. 세상이 변하고 20대들도 변했는데 정치는 변하지 않는다. 우리 이야기를 듣고 우리 이야기를 해야 한다. 그런데 그게 잘 안 된다. '민생'이 좀처럼 '정국 이슈'가 되지 못하는 기형적인 한국 정치의 탓이라고 돌릴 만도 하겠으나, 그 기형에 의존해 살아가는 모든 정치 세력들도 딱히 훌륭해 보이지는 않는다.

표는 거짓말을 하지 않는다. 나 역시 MB가 너무 싫지만, 참

여정부의 공과에 대한 평가가 표로 표출되어 그를 당선시켰다는 사실을 부정할 수는 없다. "사람들이 잘 몰라서 그래"라고 하고 싶지만, 어디까지나 그건 자위일 뿐이다. 아무리 자위하고 다른 사람을 닦달해 봐야 세상은 바뀌지 않는다.

2010년 지방선거가 국민들의 승리라고 한다. 뭐 지금의 한나라당이 최악이라는 데는 꽤나 많은 사람들이 동의할 테니 한나라당을 정치적으로 패배시킨 이번 선거를 '승리'라고 표현할 수도 있을 것 같다. 그러나 '국민들의 승리'라는 표현은 너무 이르지 않을까 싶다. 지방선거에서 야권연합으로 당선된 송영길 인천시장은 〈중앙일보〉 인터뷰에서 "나는 좌파가 아니다"라며 "한미 FTA를 적극적으로 추진했다"고 말했다. 지난 민주당 정권 10년이 어떤 정책으로 인해 문제를 빚었고, 그 정책으로 인해 우리가 어떤 일을 겪고 있는지 알기는커녕 오히려 그것을 자랑스러워하는 모양이다. 그들은 한미 FTA가 청년들의 실업에 어떤 영향을 미칠지 부작용을 설명하지 않으며, 오히려 한미 FTA에 청사진이 있다는 말만 하고 있다. 안 그래도 경쟁에 힘들고 지친 청년들에게, 더 큰 시장의 문을 열고 더 많은 사람들과 경쟁하라는 꼴인 한미 FTA가 정말 우리를 위한 정책인지, 그들은 솔직하게 말하지 못한다.

당장 수백만 원의 등록금을 감당해야 하고, 그래서 대학을 졸업하자마자 등록금 빚더미에 올라앉아야 하는, 그럼에도 선택할 수 있는 길은 고연봉 대박을 위해 백수의 길을 걷거나 안정적인 직장을 위해 백수의 길을 걷거나 그게 아니면 저임금 비정규직을 감당하며 월급의 20퍼센트를 등록금 상환에 바치는 길뿐인 청년들. 이들에게 아무도 관심을 가져 주지 않는다.

20대들은 이 참혹한 늪과 사막에서 '나를 따르라'가 아니라 '이 줄을 잡아'라고 말해 주는 정치를 경험해 보지 못했다. 이제야 드디어 작게나마 '복지'라는 말이 입에 오르고 있지만, 그 아이들 무상급식 하나 하는 데도 정치하는 어른들은 치고 박고 싸우고 있다. 나를 위한 것이 하나도 없는데, 왜 쉬는 날 우리가 애써 모르는 사람에게 표를 던져야 하는가?'

20대가 20대에게

첫 번째 이야기

내가 성장하는 과정에서 많은 어른들이 말해 왔다. "훌륭한 사람이 되라"고. 안타깝게도 어린 나는 직감했다. '훌륭한 사람'과 '돈 잘 버는 사람'의 등식은 성립되는 것임을. 돈이 있어야 '성공'을 말할 수 있고, 돈이 있어야 남을 도울 수 있는 거다. 그러므로 훌륭한 사람은 돈이 많아야 하고, 내가 훌륭한 사람이 되려면 돈을 많이 벌어야 한다.

전두환 정권 이후, 아직 군사독재에서 완전히 벗어난 시국은 아니었지만 우리는 윗세대들과는 꽤나 다른 현실에서 살아왔다. 우리가 사춘기를 겪을 때는 대한민국의 마지막 호황기였고, 웬만한 소비는 큰 어려움 없이 해낼 수 있었다. 그렇게 우리는 소비에 길들여져 갔다.

그러나 우리가 대학에 들어갈 즈음, 대한민국은 장기 침체를 맞았다. 부모님과 삼촌, 형, 누나들이 뽑아 놓은 대통령은 이 위기를 타개하기 위해 '경쟁'이라는 카드를 꺼냈다. 그리고 대학끼리도 경쟁이 시작되었다. '질'의 경쟁이 아닌, '돈'의 경쟁. 1학년 때 입학금 포함, 210만 원이었던 한 학기 등록금은 2학년이 되자 입학금 없이도 210만 원이 되었고 복학 후 3학년 때는 270만 원, 4학년 때는 300만 원선에 도달했다.

점점 학교 다니기조차 어려워졌지만, 우리의 소비는 멈추지 않았다. 해마다 새로운 것들이 나왔고, 여기에 적응하지 못하면 이 세상에서 도태된다는 강력한 경고음이 울렸다. 우리는 TV와 인터넷을 보며 흉내 내고 따라 했으며, 주변 친구들과 함께 소비하고 향락했다. 반면 대학에서 졸업한 우리는 비정규직, 외주 노동자로 전락했고, 이마에 '88만원 세대'라는 딱지가 붙었다. 소비는 꾸준히 과하면서도 소득은 불안정해지는, 그런 세상에 그런 세대가 된 것이다.

그리고 그런 어려움에 처했으면서도 투표조차 안 하는 '한심한 세대', 10대들이 청계천에서, 광화문에서 촛불을 들 동안, 도서관에 틀어박혀 토익 책에서 벗어나지 못한 '딱한 세대'가 되어 버렸다. 서른 살이 다 되어서도 부모 곁에서 떠나지 못하는 세대가 되었고, 결혼해도 아이를 잘 낳지 않는 세대가 되어 버렸다. 그게 우리 20대다.

그러니, "20대들이여, 일어나라!"는 말이 나온 건 어찌 보면 당연한지도 모르겠다. 일본처럼 대한민국에도 '청년유니온'이란 세대별 조직이 나타난 것도 어쩌면 자연스러운 귀결인지 모르겠다. 오늘도 여기저기서 20대의 실상을 알리고, 이를 해결하기 위해 고민하는 사람들이 생겨나는 것도 낭연한시 모르겠다.

그런데 그게 잘 안 된다. 일어나라고 아무리 흔들고 깨워도 20대들은 일어나지 않는다. 비정규직 비율이 10퍼센트 더 높아지면, 그제서야 일어날까? 공무원 선발 기준을 강화하고 선발인원을 축소하면 일어날까? 아니,.그럴 가능성은 없다. 청년유니온에 청년들이 가입할 가능성은? 민주노총이 주최하는 청년캠프에 청년 비정규직들의 관심이 쏟아질 가능성은? 진보정당이 주최하는 20대 대상 강연회에 운동권 아닌 학생들이 찾아올 가능성은? 이 가능성이 모두 10퍼센트를 넘을 가능성은? 없다. 단언한다.

그들은 '저항'보다는 '도태'를 택할 것이다. 아까 '소비' 얘기를 한 것처럼 우리는 아주 어릴 적부터 자본주의 사회에 맞춤형으로 길러졌기 때문이다. 현재와 같은 형태의 신자유주의를 두고 노회찬 진보신당 대표가 '동물의 왕국'이라고 표현했는데, 그 동물의 왕국이 청년들에게는 살아가는 생태계 그대로다. 이들은 자책은 해도, 원망은 하지 않는다. 따라서 절망은 해도 변화를 위한 행동에는 나서지 않는다.

두 번째 이야기

기성세대가 20대들을 이끌어 내기가 이렇게 어렵다. 그럼 20대 스스로가 20대를 위해 나설 가능성은 얼마나 되는가? 우리들은 스스로 서로를 적으로 규정하고, 자신을 압박하며 다그친다. 함께 사는 법보다 혼자 살아남는 법을 배우고 익히면서, '사자는 자기 새끼를 절벽에서 떨어뜨린다'는 자본주의적 명제를 받아들이고 도태를 자연스럽게 여긴다. 그것은 동물의 왕국에 가깝다. 우리가 우리를 우리 안에 가둬 놓는 비극적인 풍경이다.

우리는 더 큰 적을, 우리의 삶을 파괴하고 피폐하게 만드는 적을 앞에 두고 우리끼리 갈라져 싸운다. 20대 정규직은 20대 비정규직을 무시하고, 20대 비정규직은 20대 백수와 공시족들을 무시한다. 20대 백수, 공시족들은 같은 처지의 20대를 무시하고 비난한다. 학교 다닐 때 친구였던 이들이다. 한 운동장에서 뛰어 놀고 축구하고 수다 떨던 그들이다. 그 시절 한 선생님이 그랬다. "너희 졸업하면 그 관계 유지될 것 같냐?"

경쟁에 밀려난 사람들을 향해 혀만 끌끌 찬다고 우리 20대들이 우리의 삶을 바꿀 수는 없다. 나 혼자 살아남기 위해 토익책을 파고들면, 독서실에 앉으면, 그래, 나는 변할 수 있을지도 모른다. 하지만 내 친구들의 상황은 변하지 않는다. 그리고 우리 아이들의 삶도 변하지 않을 것이다. 태어나자마자 내 아이에게 영어 테이프를 들려줘야 하는 끔찍한 상황이 올 수도 있다. 그런데, 그렇게 독서실에 앉아 있어도 내 상황이 바뀌지 않는다면? 그때는 어떻게 할 것인가?

혼자서는 아무것도 할 수가 없다. 앞으로 비정규직의 수는 더욱 늘고, 정규직의 문은 좁아질 것이다. 지금은 세 개의 스펙이 필요하다고 해서 사람들이 이에 적응하면, 다음에는 다섯 개의 스펙을 요구할 것이다. 그렇게 들어간 회사에서 우리는 관계 법령도 모른 채 자연스럽게 노동을 착취당할 것이다. 그러면서도 우리는 "이 세상은 다 그런 거야. 이런 거 못 견디는 사람이 어디 있어"라고 말할 것이다. 그러던 어느 날, 당신은 계약 해지를 당할 수 있다. 정리해고를 당할 수 있다. 갈 곳도 없어 찬바람에 몸을 뉘여야 하지만 어느 누구도 당신을 보듬어 주지 않는다. 그런 상황이 올 수 있다. 독일 파시즘 시절 그런 얘기가 있었다. "그때, 내 옆엔 아무도 없었다."

세 번째 이야기

그들이 모두 자본주의적 삶의 방식을 극복하여 스스로 경쟁을 거부하고 연대에 나선다고 가정해 보자. 그렇다면 세상은 변할 것인가? 혁명을 위한 모든 조직이 '혁명의 성공'을 명분으로 '효율성'을 높이려고 '군대식 문화'를 유지해 왔다. 자, 인민들의 평등한 삶을 위해 자본주의적 삶을 버리고 건설되었다는 조선민주주의인민공화국이란 곳이 과연 진보적이던가?

진보 진영 내에 존재하는 상명하복의 문화, 토론 없는 일방주의, 파시스트적 성격은 어떻게 할 것인가? 그런 것을 해소하지 않고 진정한 연대가 가능하겠는가? 민주노총이 성폭력 사건에 대해 분명하고 단호한 징계도 못하면서, 남성-여성 노동자들의 연대를 이끌어 낼 수 있겠는가? 이렇게 상식적인 징계조차 '동지'란 이름으로 넘겨 버리려는 행동은 조직의 보위를 위한 것인가, 아니면 조직을 망치기 위한 것인가?

본의는 아닐 거라 생각하지만, 사회적 시선을 의식해 '서울대' 이름 하나 앞에 떡 붙여서 '학벌 철폐'를 주장하는 책을 내는 것이 진보다. 지방선거 때 진보 진영 후보의 포스터를 보았는가? 이해는 되지만, 노회찬 진보신당 서울시장 후보 포스터에는 '용접공 출신'은 없고 '경기고-고려대'가 약력의 맨 앞을 차지했다. 또한 성폭력, 성추행을 저질러 놓고도 '사랑'과 '호감'이란 이름으로 "내 마음은 순수했다"고 드라마 찍는 진보, 이런 진보와 연대가 가능한가? 난 못한다.

물론 대부분은 그렇지 않다. 일부를 바탕으로 전체를 판단하는 것은 오버다. 그렇지만, 지금의 진보 운동에서 권위적이고 정파적인 분위기는 아주 일반적이다. 물론 그들의 민주화-노동운동 경력은 존경하고 존중한다. 그러나 그 기억에 휘둘려 "니들이 뭘 알아?" "이게 얼마나 중요한 건지는 알아?" "왜 쓸데없는 소리를 하고 앉아 있냐?"라고 묻는 분위기에, 그 딱딱함에, 20대들은 지쳐 튕겨 나오지 않을까?

네 번째 이야기

20대 안에서는 어떤가? 스물아홉 살은 스물다섯 살에게 떳떳한가? 스물다섯 살은 스물한 살에게 떳떳한가? 우리는 어른들에게 봐왔던 권위성을 자연스럽게 내 안에 넣고 있지 않은가? 일병이 이등병을 갈구고, 상병이 일병을 갈구고, 병장이 상병을 갈군다. 여전히 군대는 변하지 않는다. 결국 '적은 선임과 간부'란 농담이 있듯.

그렇게 20대들은 그들 스스로 '꼰대'라 경멸하는 사람들을 바라보며 닮아 간다. 20대 조직문화는 진보적일 수 있는가? 내 대학 때 했던 사발식, 그리고 줄빠따 현장, 당시 '왕고'였던 사람도 지금의 나보다 나이가 많지 않았다. 이런 조직문화는 왜 20대 사이에 남아서 존재하는가?

문화적으로 세상을 바꾸려면 20대가 가장 큰 동력이 되어야 한다. 그러나 우리 스스로 그렇지 못하다. 20대 여성은 20대 남성에게 "돈 많이 벌어 오라"로 닦달하고, 20대 남성은 20대 여성을 향해 '된장녀'라며 화살을 날린다. 이런 상황에서 같은 비정규직이여도 20대 남성과 여성의 연대는 없다. 이런 상황에서는 그들이 같은 조직 내 말단 직원으로 똑같은 설움을 받고 있더라도 연대는 없다.

20대 남성이 주도하는 '보건휴가제 전면 도입' 투쟁, 20대 여성이 앞장서는 '군인 월급 현실화' 투쟁은 보기 힘든 것일까? 대학을 경험한 20대 후반이 대학생들을 위한 등록금 투쟁에 어깨를 걸고, 20대 대학생들이 20대 후반 사람들의 현실이자, 자신의 미래가 될 수도 있는 비정규직 철폐의 목소리를 내는 것은 불가능한가?

　우리 모두를 괴롭히는 문제들을 두고, 왜 우리는 서로가 서로를 못 잡아먹어 안달일까? 20대 남성과 20대 여성이 어깨 걸고 부모세대를 향해 "사랑하니 결혼하게 해 달라"고 절규하고, 더 나아가 국가를 향해 "사랑만으로 결혼할 수 있게 해 달라"고 외치는 그날을 진심으로 기원하고 있다. 그런 세상, 혹시 꿈꿔 본 적 없는가?

거친 생태계, 예외는 없다

　모순의 뿌리는 단순하다. '예외'가 모순을 만든다. 당연한 것은 당연한 것이어야 한다. 그런데 지금, 우리가 살아가는 이 시간 이곳은 모든 것에 예외를 두고 있다. 나는 노동자다. 내 친구 민일이도 노동자다. 우리 엄마 친구 아들도 노동자다. 그런데 자꾸 어떤 사람들이 노동자들에게 예외를 두려고 한다. 우리 사장이 그렇게 하고, 우리 조직이 그렇게 하며, 우리 사회가 그렇게 말하고 있다. 우리는 같은 노동자이며, 노동자는 노동자로서 권리와 의무가 있다. 그런데 그들은 의무에 대해서는 예외를 두지 않는다. 그러므로 누군가 노동자에 예외를 둔다면 그것은 '노동자의 권리'에 있다.

40년 전 전태일은 근로기준법이라는 권리를 위해 몸을 불살랐다. 당시 국가와 자본이 국민이자 노동자인 이들에게 예외를 두었기 때문이다. 그들은 예외를 두면서 말한다. "국가 경제 발전"과 "세계적 경쟁 체제"를. 그리고 그런 말에 우리는 휘둘렸다. 그래서 우리는 8시간 노동이라는 권리를, 휴식이라는 권리를 빼앗겼고, 회사의 주인인 노사가 조직 발전에 대해 함께 토론하는 권리가 부정되었다. 그리고 이 땅의 노동자들은 참으로 단순하게 살아왔다. 시키는 대로 일하고, 조직이 말하는 대로 움직였다. 모순의 시작은 여기에 있다. "너는 말단 사원이니까 남들보다 몇 시간 더 일해야 해." "너는 공무원이니까 주말에 불러도 국가와 국민들을 위한다는 마음으로 열심히 일해야 해." 그렇게 가다 보니 이 나라 이 땅에서 '파업'이라는 당연한 노동자들의 권리가 '이기주의'로 받아들여진다. 너 나 우리 모두 그 예외를 감수하면서 일하고 있기 때문에.

이 예외란 것은 '제도'가 아닌 '문화'이기에 단순히 사장님과 사원님만의 관계는 아니다. 자신을 '진보'라 참칭하는 이들도 자본주의의 핵심 논리인 '경쟁'에 휘말려 노동자에 예외를 두고 있다. 한 명의 상근자가 하루 서너 시간만 잠을 자며 한 달에 고작 몇십만 원의 월급을 받고도 "대의를 위해 당신은 노동자에서 예외"라는 소리를 듣고, 민주노동당의 상근자들이 '노조' 하나 만드는 데도 수많은 다툼과 갈등이 있었다. 모두 누군가 그들에게 '예외'를 두었기 때문이다.

누가 노동자가 누려야 할 권리에 예외를 두는가? 우리는 무엇 때문에 정해진 퇴근 시간이 지나서도 퇴근하려면 눈치를 봐야 하는가? 무엇 때문에 집에서 혼자 애타게 엄마를 기다리고 있을 우리 아이를 두고 가기도 싫은 회식에 끌려가야 하는가? 왜 내 개인 사정이 조직을 위해 희생되어야 하는가?

누군가는 그런 말을 할 것이다. "그런 생각으로 어떻게 이 경쟁 체제를 헤쳐 나갈 수 있겠느냐?" 그럼 난 답하고 싶다. "노동자들의 당연한 권리까지 침해받으면서 살아남는 것이 진정 사는 것이냐"고. 그러면 이렇게 말할 것이다. "우리나라는 그렇게 발전해 왔다." 그럼 난 답하고 싶다. "그래서, 당신은 정규직입니까?" 혹은 "그래서, 당신은 혹시 행복하신가요?"

우리 20대들이 해야 할 것은 386아저씨들한테 "너희 때문이야!"라고 소리치고 돌을 던지는 것이 아니라, 이 같은 인식의 전환이다. 아저씨든 아줌마든 우리는 같은 노동자이기에, 노동자들이 당연히 누려야 할 권리가 부정된다면 함께 맞서 싸워야 한다. 다른 노동자의 권리가 부정되는 것, 그것은 곧 내 자신의 권리를 부정당하는 것과 마찬가지이기 때문이다.

회사의 사정이 어렵다면 노사가 함께 석성하고 고민해서 결과를 찾아야 한다. 무작정 회사 사정이 어렵고 비용을 줄여야 한다며 "너랑 너는 여기서 나가"라고 한다면, 혹은 똑같은 일을 하고서도 어떤 사람은 반밖에 돈을 받지 못한다면 우리는 함께 소리 지르고 싸워야 한다. 사장님과 사원님의 관계를 떠나 한 회사를 함께 만들어 나가는 동료로서 직원의 목소리도 들어 보라고 요구해야 한다. 그렇게 문화를 바꿔 나가야 우리 회사도 나의 권리를 인정해 주고 아껴 준다.

여기까지는 당연한 얘기다. 20대만의 문제도 아니다. 자, 이제 20대가 해야 할 일은 여기에 있다. 그동안 노동자 아저씨들은 충실하고 열정적으로 싸워 왔다. 그런데 싸우면서 닮는다고, 청와대에 있는 '얼리 버드' 아저씨와 싸우기 위해 똑같이 '얼리 버드' 하고, 저쪽이 빡세게 나온다고 같이 뒤집어지게 싸우려 한다. 하지만 우리는 빡세게 싸우는 아저씨들과 함께 하면서도 "아저씨, 우리 밥 먹고 해요"라는 당연한 요구를 해야 한다. "쉬었다 해요"라고 말해야 한다. 즉, 조직의, 내부의, 싸움의 문화를 바꿔야 한다.

아저씨들도 마찬가지다. 싸움을 명목으로 상대방과 똑같은 문화 체계를 만들어 놓고, 똑같이 '경쟁'하며 똑같이 '효율성'을 위해 모든 것들을 희생한다면 그것은 저들과 다를 바 없는 건강하지 못한 조직이다. 결국 왕씨 왕족이 이씨 왕족으로 전환하는 혁명과 다를 바 없다. 그리고 20대들은 굳이 거기 있어야 할 필요성을 못 느낄 것이다. 삶의 방식과 문화가 똑같다면 소비에 익숙한 그들이 더 많은 소득을 받는 길을 찾는 것은 당연하지 않을까? 그래서 20대들이 '노동자'임을 부끄러워하고 공무원 시험에 목을 매고 노동자로서 집회에 나가기 두려워하는 것이 아닐까? 그리하여 조직은 늙어가고 이제는 명맥을 걱정해야 하는 상황까지 온 것 아닌가?

세상은 그렇게 변했는데 언제까지 '순수성'이란 명분으로 노동자가 노동자에게 예외를 둘 것인가? 민주노총의 상근자라면 삼성의 직원보다 더 노동자로서 존중받아야 하지 않겠는가? 자본가들은 점점 더 노동자들의 편의를 고민하고, 휴식을 보장하고(보장 못할 경우 그만큼의 대가를 지불하고), '업무 효율'이라는 명목에서라도 편하게 쉴 수 있는 사내 휴식공간을 만들고 있다. 그런데 오히려 자본가에 대항한다는 조직의 구성원들은 생활고를 걱정하고(이는 어쩔 수 없는 측면도 있다지만), 심지어 우울증 같은 몇 가지 정신병까지 앓고 있다는 사실, 부끄럽지 않은가?

물론 당장 목숨이 경각에 달려 있는, 힘들고 어려운 싸움을 하는 사람들이 있고, 그들에게 어떻게든 힘을 주기 위해 빨리, 바쁘게 함께 해 나가야 한다는 사람도 있을 것이다. 그런데 그러한 사정을 노동자의 권리와 맞바꿀 수는 없다. 그게 원칙이고, 원칙은 지켜져야 한다. 노동자와 함께 하려는 조직 내부부터, 같은 노동자에게 예외를 두어서는 안 된다. 거기부터 출발

한다. 그리고 우리 아저씨들이 그게 잘 안 되면 20대들이 해야 한다. 20대부터 이걸 요구할 수 있다면 노동자를 위하는 척하다가도 정리해고에 비정규직에, 뒤통수치는 회사들보다는 분명 훨씬 더 매력적인 조직이 될 것이다.

그것을 출발점으로 우리는 언젠가 기본적인 노동자의 권리는 그냥 당연한 것으로 받아들여지게 만들어야 한다. "나도 같은 노동자니까" 뭐 이런. 그동안 우리는 정말 힘들게 싸워 왔고 노동조합과 힘 있는(?) 진보 정당까지 만들어 냈다. 그럼 이제 그 내부 부작용을 다스려야 한다. 그렇게 노동자가 노동자를 인정하고 보호하는 세상, 이를 위해 싸우는 집단 내에서 행복한 비명 소리가 나오는 세상, 그런 세상을 향해 걸어가야 한다. 뛰지는 말고.

그렇게 되면 '할 일이 없어서' 몇 년째 고통스런 공무원 시험을 겪으며 끊임없이 좌절하는 공시족도 줄 것이다. 노동자의 권리가 존중되면 그만큼 내가 하는 일이 안정적이 될 것이기 때문이다. 스스로 노동자임을 자각하고 서로가 각자의 권리를 인정한다면 이상한 꼰대도, 변태 아저씨도 사라질 수 있을 것이다. 그런 노동자들이 예비 노동자인 대학생들과 함께 싸운다면 등록금 걱정도 지금보다는 많이 완화될 수 있을 것이다. 그리고 더 나아가 사랑이 현실에 간섭받지도 않게 될 것이다. 그럴 것이다.

"우리는 노동자고, 노동자에 예외는 없다." 나도, 당신도 말이다.

보고서를 마치며

　참 재미없는 이야기에다 한 말 또 하고 한 말 또 하고, 쓰고 있는 나도 지겨운데 보는 사람들은 오죽했으랴. 그러나 어쩌겠는가! 이 글이 코미디 대본도 아니고 리얼 버라이어티 애드립으로 나온 글도 아닌데.
　만약 이 글을 읽다가 그다지 재미도 없고 심란한데다 종종 짜증까지 났다는 사람이 있다면 아마 그분이 이 글을 정확하게 본 것일 테다. 또한 이건 이미 다 아는 이야기인데, 거 참 식상하다고 느낀 분이 있다면 그 또한 정확하다. 그렇다. 여기 나온 이야기들은 재미란 코딱지만큼도 없는 답답한 이야기이며 대안도 없는 막연한 이야기다. 이미 우리가 모두 알고 있는 사실이고, 그렇다고 해서 뾰족한 수도 떠오르지 않는 이야기다. 뭐, 그런 이야기다.

2008년부터 이 글을 쓰기 시작했지만 2011년이 된 지금도 20대들의 삶은 변하지 않았다. 시대가 하수상해 청와대에서 철 지난 대포폰이 유행 타고, 교회 다니는 분들은 뜬금없이 '사찰'을 찾고 다니지 않나. 한미 FTA가 '국운이 달린 문제'라며 밀어 붙이던 예전 여당은 어디서 많이 들어 본 듯한 '담대한 진보'를 말하고 있다. 그렇게 시대는 변했지만 여전히 내 주변 친구들은 어렵고 힘들다. 공시족으로서 인터뷰했던 몇몇 친구들 가운데 이제 공무원이 된 친구들도 있지만 여전히 공부를 하고 있는 친구들도 많고, 아예 새로운 일을 찾아 하기 시작한 친구들도 있다. 졸업을 앞두고 뭘 해야 할지 모르겠다던 친구들은 비정규직으로, 파견직으로 뿔뿔이 흩어졌다.

 이 몇 년 동안 이 나라 곳곳에는 집도 참 많이 생겼는데, 이상하게도 여전히 내가 살 집은 없다. 없는 살림에 전세라도 알아 보려 했는데, 전세값이란 놈이 집값보다 더 높이 점프질이다. 덩달아 물가도 점프질이라, 상추는 지하 500미터 암반수라도 먹고 자랐는지 고기보다 비싸져서 '상추를 산 김에 고기라도 사야 하는 거 아니냐'는 괴담이 떠돌아 다녔고, 배추 경매장은 소더비 미술품 경매장보다 치열하다는 괴소문이 흘러나오기도 했다. 유일하게 뛰지 않는 것은 오로지 내 월급뿐이다. 이거 점점 살기가 치열해진다.

 수많은 20대들은 여전히 결혼을 앞두고 괴롭고 심란하다.

이 험난한 세상에 어찌된 게 꼭 나만큼 어려운 친구를 만나서, 과연 이 친구와 이런 극한 환경을 잘 헤쳐 나갈 수 있을까도 고민이다. 오늘도 TV에서 멋지고 잘난 것들을 바라보며 내 팔자는 언제 저렇게 필 수 있을까 생각하지만 뒤를 봐도, 옆을 봐도, 앞을 봐도 그저 막막함뿐이다. 변한 것이 하나도 없다. 이 글을 처음 쓰기 시작한 2008년도, 그리고 지금도.

아마 앞으로도 그러할 것이다. 20대가 힘들고 어렵다지만, 그것이 20대가 지난다고 끝나는 상황이겠는가? 우리는 자연스럽게 점차 20대를 벗어나 30대가, 40대가 되어 갈 것이고, 그 시간이 지나는 동안 누구는 결혼을 할 것이고, 누구는 아이를 낳을 수도 있다. 하지만 우리가 30대나 40대가 되면 지금의 현실이 변할 수 있을까? 이 질문에 '그렇다'라고 자신할 수 있는 사람은 얼마나 될까?

지금 20대 중 300만 명이 비정규직이라면, 우리가 30대가 되어도 그 300만은 여전히 비정규직일 것이다. 아니, 오히려 그보다 더 많아질 수도 있다. 아마 우리 스스로 이 환경을 개선하지 않는 이상은, 그럴 것이다. '공정한 사회'를 아무리 말해 봐도, '패자 부활전'을 아무리 말해 봐도, 이 세상에서 패자는 패자일 뿐이다. 그리고 이 사회는 그 패자의 사지를 찢고 몸을 가를 것이다. 마지막 남은 한 조각의 살마저 파먹는 독수리들은 패자에게 죽음만을 선사할 것이다.

우리가 힘을 모아 그러한 세상을 바꾸려 저항하는 것이 가장 좋은 방법일지 모르겠으나, 그럴 수 있는 가능성도 별로 없어 보인다. 20대 스스로 승패를 가르고 20대 승자가 패자를, 아니 그것보다 20대 패자가 20대 패자의 몸과 마음을 찢는 한, 그럴 일은 없을 것이다. 20대들은 '성공'에 목말랐다. 우리는, 그들은 '생존'에 목마르지 않다. 정작 그들의 삶이 '생존'을 걱정해야 할 위기 상황에 놓였음에도 우리는, 그들은 언제나 '성공'을 꿈꾼다. 그리하여 우리 역시 성공하지 못한 '루저'임에도, '루저'를 탓한다. 게으르고 비겁하다고.

이곳의 생태계는 이러하다. 약육강식弱肉强食을 넘어 약절강존弱絶强尊이다. 즉 강한 자들이 약한 자들을 먹어치우는 생태계에서 약한 자들은 더 이상 숨도 쉬지 못할 만큼 약해져 그렇게 사라져 가고, 강한 자들은 더욱 더 높은 곳에 오른다. 약한 자들을 밟고. 그렇게 세상이 바뀌고, 그렇게 법도 바뀐다. 그리고 더 무섭게도 그렇게 사람들의 인식이 바뀐다.

그러한 생태계의 법칙 속에서 정작 이 세상을 살아가는 '사람' 그 자체는 그냥 부차적인 문제일 뿐이다. 그리하여 사람을 사랑하고 존중하는 사람들, 즉 착한 사람들이 우리 주변에서, 이 생태계에서 '부적응자'라 비난 받으며 사라져 간다. 결국 힘이 있으면 무슨 짓을 하더라도 괜찮은 사회, 우리 사회가 그런 사회가 되어 버렸다. 혹시 영화 〈28일 후〉를 본 적이 있는가?

좀비 바이러스는 단 28일만에 온 세상을 덮었고 좀비 바이러스는 살아남았다. 이 영화는 해피엔딩으로 끝나지 않는다. 그리고 심지어 다음 시리즈는 〈28주 후〉다. 세계는 더 삭막해졌고, 버티고 살아나가기 더 어려워졌으며, 이 영화 역시 마지막까지 해피엔딩을 선사하지 않는다. 우리의 지금이, 우리의 미래가 딱 그 꼴이다.

실제로 과거에 우리가 그래 왔다. 불과 10여 년 전에 유력 여당의 대통령 후보를 아들의 병역비리 의혹 하나로 선거에서 낙마시켰던 우리 국민들이, 위장 전입 등 갖은 의혹을 지니고 있던 대통령 후보를 이 생태계의 꼭대기에 세웠다. 그리고 우리는 그 대가를 혹독하게 치르고 있다.

이런 세상에서 우리가 지금 무엇을 할 수 있을까? 그냥 이렇게 무기력해지기? 혹은 이런 세상 모른 척하기? 맞서 싸울 수 없다면, 우리가 쓸 수 있는 가장 합리적이고 가장 단순한 방법, '투표'로 세상을 바꿀 수 있을까? 그렇다면 그렇게 바꿔야 하는 세상은 어떤 세상일까?

영화 〈28일 후〉시리즈의 결말은 '도피'다. 그곳에서 살아남은 사람들은 이미 온몸이 만신창이다. 살아남은 게 살아남은 게 아니다. 그래도 그들은 어떻게든 도피한다. 그런데 그렇게 도피한 곳에도 여전히 좀비 바이러스는 존재한다. 그래, 우리는 솔직히 더 이상 갈 곳도 없다.

글을 마무리 지으면서 어떤 말을 할 수 있을까. 앞서 얘기한 바 있듯이 '짱돌을 들라'고 말할 수도 있겠고, 아니면 요즘 유행처럼 '힘내라 청춘들'이라고 말할 수도 있다.

그런데 그게 안 된다. 우선 '짱돌을 들라'는 것은 무책임한 말이다. 20대만이 짱돌을 든다고 세상이 바뀔 수 없다는 것도 알고, 20대는 짱돌보다 토익 책을 들 거란 사실도 잘 안다. 멀리 갈 것 없이 바로 내가 그렇다. 뭔가 대단한 저항을 할 사람처럼 보이지만, 나도 토익 책을 들고 있고, 어떻게든 이 사회에서 살아보겠다고 매일매일 지옥 같은 출근길에 오르고 있다. 결혼을 앞두고 다만 전셋집이라도 하나 마련하고 싶지만 턱도 없는 월급을 보면서, 어떻게든 돈을 벌고 싶은 사람이 나다. 이 책을 쓰는 지금 이 순간에도 이 책이 여의도 불꽃축제처럼 대박 터져 돈이 쏟아져 들어오길 바라는 게 이 글을 쓰는 나라는 사람이다. 그게, 너무 마음이 아프다.

그럼 '청춘아, 힘내라'고 말하고도 싶다. 그런데 그것도 못하겠다. 하루하루 사는 게 너무 힘들다. 그냥 밥만 먹고 헤어지는 별 것 없는 데이트 한 번에도 내 월급의 상당 부분이 지출된다. 그 좋아하는 영화도 영화관에서 보려면 큰 결심을 해야 한다. 집 밖에 나가 독립을 하고 싶어도 월세가 나 30만 원 이상이다. 이 돈을 월마다 내면, 내 통장 잔고에 남는 돈이 없을 것이다. 무서워서 독립도 못하겠다.

결혼을 하고 싶어도 겁이 난다. 아이를 낳고 싶어도 막막하다. 그런 내가 "이 청춘 한때야, 모두들 힘내"라고 어떻게 말할 수 있겠는가? 나조차 힘이 나지 않는데.

다만 하나 이루어졌으면 하는 것이 있다. 잘 알지도 못하면서 단지 썰을 풀었던 내가 꿈꾸는 생태계, 그것을 밝히자면 이렇다. 좌절이 절망이 되지 않는 사회, 적어도 열심히 일하면 그만큼의 대가를 받는 공정한 사회, 죽으라는 법은 없는 사회, 눈치 보지 않고 연애 한번 짜릿하게 할 수 있는 사회, 아픈 것만큼은 사람을 먼저 생각하는 사회, 강남 7학군 아이도, 산동네 사는 아이도 공평한 교육을 받을 수 있는 사회, 집이 '자본'이 아니라 '보금자리'가 되는 사회.

뭘 그렇게 당연한 얘기를 대단한 것처럼 풀어 놓느냐는 사람들도 있을 테지만, 그러한 사회(저 중 단 하나라도)가 이렇게도 간절할 만큼 지금의 사회는 너무 혹독하다. 특히 어린 세대가 어른들의 문화 속에서 적응을 강요당하며, 또 그들이 어른이 되어 다른 어린 세대에게 적응을 강요하는 악순환이 이어지는 이러한 사회에서 '사람 사는 세상'을 만드는 것은 쉽지 않다. 사막의 생명체들은 사막을 벗어나지 않는다. 늪에 사는 생물들은 늪에서 벗어나지 않는다. 다 그곳에서 사는 법을 배워 왔고 체득해 왔기 때문에.

그래, 뭐 이 늪에서, 이 사막에서 벗어날 수 없다면 우리 그냥 묵묵히 나무나 심자. 내가, 이 글을 보고 있는 당신이, 혹은 다른 누군가가. 혹시 가능하다면 지금 이 순간에도 힘들고 괴롭게 살아가고 있는 20대들이, 그리고 그들과 함께 이 생태계에서 살아가고 있는 기성세대들이. 뭐 딱히 한꺼번에 모여 한다고 녹화사업이 잘되는 것은 아니다. 그냥 그 자리에서 심는 나무가 잘 자랄 수 있도록, 늪 속으로 한 발 한 발 빠져들어도, 사막의 모래폭풍이 몰아닥쳐도, 그냥 나무나 심었으면 좋겠다. 우리의 마음에 '사람'이라는 그 나무를.

혹시 알까? 그렇게 심은 나무가 우리를 울창한 숲으로 데려다 줄지 말이다. 숲의 생태계, 것도 만만치는 않겠지만, 적어도 맑은 공기와 깨끗한 물을 모두가 먹을 수 있는 곳, 그런 세계로 말이다.

독자를 먼저 생각하는 정직한 출판

시대의창이 '좋은 원고'와 '참신한 기획'을 찾습니다

쓰는 사람도 무엇을 쓰는지 모르고 쓰는,
그런 '차원 높은(?)' 원고 말고
여기저기서 한 줌씩 뜯어다가 오려 붙인,
그런 '짜깁기' 원고 말고

마음의 창을 열고 읽으면
낡은 생각이 오래 묵은 껍질을 벗고 새롭게 열리는,
너와 나, 마침내 우리를 더불어 기쁘게 하는

땀으로 촉촉히 젖은 그런 정직한 원고,
그리고 그런 기획을 찾습니다.

시대의창은 모든 '정직한' 것들을 받들어 모십니다.

시대의창 WINDOW OF TIMES | 분야 | 정치·사회 / 역사·문화

서울시 마포구 동교동 113-81 (4층) (우)121-816
Tel: 335-6125 Fax: 325-5607 sidaebooks@daum.net